KB215147

오리게네스 성경해석학 서사기

- 해석, 상징, 드라마 -

다함
도서출판 **다함** 은

1. **다윗**과 아브라**함**의 자손
아브라함과 다윗의 자손으로, 하나님 구원의 언약 안에 있는 택함 받은 하나님 나라 백성을 뜻합니다.

2. 마음과 뜻과 힘을 **다하여** 하나님을 사랑하라
구약의 언약 백성 이스라엘에게 주신 명령(신 6:5)을 인용하여 예수님이 가르쳐 주신 새 계명
(마 22:37, 막 12:30, 눅 10:27)대로 마음과 뜻과 힘을 다해 하나님을 사랑하겠노라는 결단과 고백입니다.

사명선언문
1. 성경을 영원불변하고 정확무오한 하나님의 말씀으로 믿으며, 모든 것의 기준이 되는 유일한 진리로 인정하겠습니다.
2. 수천 년 주님의 교회의 역사 가운데 찬란하게 드러난 하나님의 한결같은 다스림과 빛나는 영광을 드러내겠습니다.
3. 교회에 유익이 되고 성도에 덕을 끼치기 위해, 거룩한 진리를 사랑과 겸손에 담아 말하겠습니다.
4. 하나님 앞에서 부끄럽지 않도록 항상 정직하고 성실하겠습니다.

오리게네스 성경해석학 서사기
- 해석, 상징, 드라마 -

초판 1쇄 인쇄 2023년 11월 21일
초판 1쇄 발행 2023년 12월 01일

지은이 ┃ 곽계일

디자인 ┃ 장아연
표지 일러스트 ┃ 심효섭
펴낸이 ┃ 이웅석
펴낸곳 ┃ 도서출판 다함
등 록 ┃ 제2018-000005호
주 소 ┃ 경기도 군포시 산본로 323번길 20-33, 701-3호(산본동, 대원프라자빌딩)
전 화 ┃ 031-391-2137
팩 스 ┃ 050-7593-3175
블로그 ┃ https://blog.naver.com/dahambooks
이메일 ┃ dahambooks@gmail.com

ISBN 979-11-90584-88-3 [93230]

Cover illustration
<Origen Teaching the Saints >
by Eileen McGuckin.
The Icon Studio UK 69 FY81PG

표지 디자인의 일러스트는 영국의 성화 작가 Eileen McGuckin으로부터 작품 이미지에 대한 사용 허락을 받아
일러스트레이터 작가 심효섭이 재해석한 작품으로 저작권은 도서출판다함에게 있습니다.

오리게네스 성경해석학 서사기

해석 · 상징 · 드라마

곽계일 지음

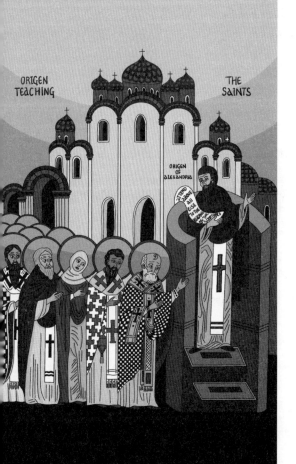

다함
도서출판

목차

"오리게네스는 우리 모두를 날카롭게 벼려주는 숫돌 같은 존재다."

- 나지안조스의 신학자 그레고리오스, 4세기 -

2013 모든 시작

필라델피아 루터란Lutheran 신학교에서 박사 과정을 시작했다. 전문 분야를 두 개 선택해야 했는데 나는 '교부학'과 '성경신학'을 선택했다. 내가 사랑하는 역사와 성경 중 하나만 선택하지 않아도 되었기에 기뻤고, 이제 그리스도교 성경 해석 전통의 초기 역사를 연구한다며 스스로 뿌듯해했다. 다만, 이 기쁨과 뿌듯함을 누리는 대가로 내가 자라온 개혁주의 장로교 전통에서 벗어나 낯선 학교에서 낯선 분야를 공부한다는 불안감도 함께 떠안아야 했다. '교부학 분야를 박사 과정으로 개설하는 개혁주의나 복음주의 신학교 자체가 없는 현실이 내 탓은 아니지 않는가…?'라든지 '로마 가톨릭 신학교보다는 안전하지 않을까…?'라고 스스로 되뇌었다.

2013-2014 경계인

인도 출신의 세바스찬J. Sebastian 지도 교수님은 만날 때마다 어떤 주제로 논문을 쓸 건지 묻곤 하셨다. 캠퍼스촌에서 교수님 바로 옆집에 살았던 터라 대답할 말이 별로 없으면 교수님과 마주칠세라 피해 숨어야 했다. 나는 진작부터 3세기 인물 오리게네스를 붙들기로 했다. 생애에 못해도 6,000편 이상의 글을 남겼다고 하니 연구할 자료가 많은 만큼 연구 주제도 마르지 않겠다는 생각에서였다. 이토록 실용적인 이유는 "왜 오리게네스를 연구하느냐?"고 묻는 사람들에 대한 기계적인 공식 답변이 되었지만 사실 내 마음속 이유는 따로 있었다. 고대 로마 역사에서 '철인哲人 황제 시대'의 말기였던 185년에 태어나 '군인 황제 시대'의 절정기였던 254년에 사망했으며, 순교자의 아들이면서 철학자의 제자였고, 평신도이면서 성경학자였으며, 성경 기록의 무대가 된 현장을 답사할 만큼 문자적 해석에 철저했으면서 영적 해석으로 기억되고, 곳곳에서 초청받는 석학이면서도 새벽 일찍 일어나기 위해 마룻바닥에서 쪽잠을 잔 (준) 수도사였으며, 알렉산드리아에서 태어나 팔레스티나에서 묻혔고, 그리스도교 초기 역사에서 변증의 시대를 지나 신경과 신학의 시대로 들어가는 전환기를 이어주었으며, 후세대 교부들로부터 추앙 아니면 정죄를 받았고, 헬라인 아버지와 유대인 어머니 사이에서 이집트식 이름을 받은 이 '경계인'의 파란만장했던 인생 자체에 나는 설명할 길이 없는 애착을 느꼈다. 세바스찬 교수님이나 나나 현대인이면서 고대 교회사를 연구하고, 아시아인이면서 미국에서 살아가면서, 18세기에 미국으로 이주한 루터파 독일인들이 세운 신학교에서 만난 경계인들이었다.

2014-2016 이론 발견의 유익

지도 교수님의 성화 덕분인지, 오리게네스에 대한 애착 때문이지 박사 과정의 첫해를 마치며 논문 주제를 잡게 되었다. 논문 주제를 잡자 어떤 과목을 수강해야 할지 결정할 수 있었다. 랍비 성경해석학을 다루는 부분이 논문에 필요했기에 지역 학교 간 교류 연구 프로그램에 지원해 펜실베니아^{Pennsylvania} 대학교에서 수강할 수 있었다. 수강하는 과목마다 학기 말에 제출하는 연구 보고서를 박사 논문에 넣는다는 생각으로 쓰기 시작했다. '연구 방법론' 과목을 위해 쓴 연구 보고서는 논문의 서문이 되었다. 수강 과정을 마치면서 논문의 얼개가 어느 정도 갖추어졌고, 종합시험의 질문들도 논문의 주제를 중심으로 초점이 맞추어졌다. 종합시험을 마치면서 곧바로 논문 쓸 준비가 되었다.

2016-2017 마침과 시작

펜실베니아주 필라델피아에서 조지아주 애틀란타로 이사했다. 에모리^{Emory} 대학교 도서관에서 월요일부터 금요일까지, 9시부터 5시까지 꼬박 논문을 썼다. 수강 과정 동안 썼던 연구 보고서를 개정하고 부족한 부분은 새로 썼다. 장^{chapter}과 장 사이 연결 부위를 다듬어 서로 이어주었다. 없는 게 없는 에모리 대학교의 방대한 자료가 속도를 더해 주었다. 6개월 후 논문을 제출하고 졸업할 수 있었다.

2017-2020 미생

논문 원고를 출판사 몇 곳에 보내 출판을 의뢰했다. 출판사들끼리 서로 짜기라도 한 듯이 "원고 주제가 너무 좁아 출판하기 어렵다."라며 거절했다. 한 출판사는 "우리가 원하는 건 책이지 논문이 아니다."라고 첨언했다. 나중에야 두 말이 같은 의미인 것을 알게 되었다. '논문과 책이 다르다는 사실을 나만 모르고 있었던가?' 싶은 혼란스러운 마음으로 구글^{Google}에게 그 차이를 조용히 물었고, *From Dissertation to Book* (William Germano, 2013)이란 책을 알게 되었다. 책의 안내에 따라 논문을 책으로 바꾸는 과정은 원고를 처음 쓸 때보다 훨씬 더 힘들고 괴로웠다. 그 괴로움의 근원에는 '출판사들이 나의 훌륭한 원고를 제대로 못 알아봤을 거다'라는 자기 신념이 끈질기게 저항하고 있었다. 학회에 참석해 모 출판사에서 교부학 시리즈 편집장을 맡고 있던 교수를 만나 원고를 직접 소개하고 보내는 기회를 얻을 수 있었다. 하지만 이후로 감감무소식이다가 일 년도 훨씬 지난 어느 날 그의 비서라고 밝힌 사람이 사과 편지와 함께 원고를 돌려주었다. 장문의 편지에는 그동안 편집장 교수가 임시 총장이 되어 학교 문제를 수습해야 했던 사정 그리고 신임 총장의 부임과 함께 은퇴하게 된 사정이 적혀 있었다. 그사이 나 또한 정규 교수직을 맡아 첫해를 보내느라 더는 원고를 붙들 여력이 없었다. 논문의 한 장을 학술 저널에 게재한 게 그나마 위안이었지만, 논문이 끝내 '미생'으로 마치는 것인가 싶어 서글펐다.

2021-2022 논문에서 책으로

브릴Brill 출판사로부터 원고를 출판하고 싶다는 승낙 이메일을 받았다. 출판사에서 몇 년 전부터 새로운 교부학 시리즈를 시작했고, 고신대학교 배정훈 교수가 첫 번째 저자로 이름을 올렸다. 그 소식을 듣고 눈길도 주지 않았던 원고를 다시 꺼내어 먼지 털어내듯 잠깐 손을 봤다. 시간과 마음의 거리를 두고 보니 그동안 보이지 않던 것들이 보였다. 그사이 새로 소개된 연구물도 선별해 반영했다. 그렇게 4월에 보낸 원고가 5월에 승낙받아 이듬해 4월에 시리즈 세 번째 책이 되어 내게 돌아왔다. 승낙 이메일을 보내면서 독일인 편집장은 머리글 부분에서 논문 냄새만 조금 더 빼면 되겠다며 편집위원회가 제안한 개정안 몇 가지를 전해 주었다. 그러고 보면 앞서 거절한 출판사들도 수많은 청탁 원고를 훑어보며 일단 머리글부터 살폈겠구나 싶었다.

2021-2022 계약

브릴과 영어책 출판 계약을 맺고 한 달쯤 지나서 한국어로도 책을 출판하자는 생각이 들었다. 이 학술 전문 출판사는 판권비가 비싸기로 유명해서 한국어로 번역된 신학 관련 책이 없다고 들었던 터라 이 문턱이라도 낮춰야 한국어책 출판의 가능성이 조금이라도 높아지겠다 싶었다. 독일인 편집장에게 이메일을 보내 교부학 분야의 불모지인 한국에 내 책이 소개될 수 있도록 배려해 달라고, 정중하지만 분명하게 부탁했다. 이메일은 작성하는 시간 외에 투자 비용이 거의 들지 않지만, 잘만하면 때론 놀라운 투자 이익으로 돌아올 때가 있다. 며칠 후 출판사로부터 한국어 판권비는 특별 면제한다는 내용 증명이 담긴 계약서 별첨지를 받을 수 있었다. 이듬해 초, 도서출판 다함과 한국어책 출판에 관한 계약을 맺었다. 원고는 저자를 떠나 자기 때에 다른 사람을 만나 자기 길을 가는가 싶었다.

2022-2023 서사기

나는 영어를 한국어로 옮기는 출판 번역 일을 몇 번 했다. 모르는 사람의 글도 번역했으니 내 글을 내가 번역하는 건 마냥 손쉬울 줄로 생각했는데, 막상 시작해보니 만만치가 않았고 만족스럽지도 않았다. 왜일까? 작업에서 손을 떼고 고민하던 가운데 그 이유를 가까운 곳에서 찾을 수 있었다. 2014년부터 구상한 주제를 2017년에 논문으로 그리고 2022년에 책으로 담아냈다. 논문과 책이 비슷한 듯 달랐듯이 이전 책과 지금 책도 똑같을 수 없는 건 같은 주제를 바라보는 나의 관찰 시점이 그사이 조금은 달라졌기 때문이었다. 달라진 나 자신 외에도 달라진 독자에게서도 이유를 찾을 수 있었다. 내 논문의 독자가 4인의 심사위원이었다면, 영어책의 독자는 그보다 다수이면서도 값비싼 브릴 책을 구입할 여력과 의지가 있는 대학 및 연구 기관이고 거기 속한 소수의 사람이다. 한국어로 옮기는 중에도 '이대로 책이 나오면 누가 얼마나 읽을까?'라는 질문이 줄곧 나의 손가락에 매달려 번역 작업을 더디게 붙잡았다. 앞서 도서출판 감은사를 통해 선보였던 『동방수도사 서유기 + 그리스도교 동유기』가 받은 시장 반응이 계속해서 눈

앞에 아른거렸다.

생각 끝에 나는 영어책에 없는 변화 세 가지를 한국어 책에 입히기로 했다. 한 번에 내린 결정이 아니라 글쓰기 작업을 진행하면서 필요에 따라 차례로 내린 연쇄적 결정 이었다. 하나는 내가 애착을 느꼈던 오리게네스의 생애를 경經이 되는 날줄로 삼아 그의 성경해석학을 위緯가 되는 씨줄로 엮어가기로 했다. 태어나 자라고 성숙해지는 과정을 기록한 서사기야말로 오리게네스와 그의 성경해석학에 대해 들어서만 알고 있던 -그리고, 어쩌면 오해했던- 사람들 에게도 이 부자父子 관계를 소개하는 가장 적합한 서술법이라고 생각했다. 이 결정적 변화를 책 제목에도 반영해서 -영어책의 원제목 *Symbolic Drama of Passage*를 직역한- 『통과의례의 상징 드라마』 대신 『오리게네스 성경해석학 서사기』를 한국어책의 제목으로 달았다.

영어책과 달리 개념의 흐름보다 서사의 흐름 위주로 주제를 엮어가려다 보니 두 번째 변화를 자연스럽게 수용 하게 되었다. 용어나 배경에 관한 해설, 참고할 만한 연구자 및 자료에 관한 소개 등은 가능한 본문 아래 각주로 내렸다. 본문은 고속도로처럼, 각주는 지방 도로처럼 평행 배치하여 독자들이 사이를 오가며 다양한 여행 경로를 선택할 수 있도록 여지를 두었다. 서사적 흐름은 결국 장과 장 사이 순서부터 책의 전체 구성까지 차례로 바꾸어 놓았다. 그제야 한국어책이 영어책보다 더 나은 면들이 적지 않다고 여길 만큼 만족할 수 있었다.

2013-2023 당신에게

나는 논문과 책 사이, 거절과 환대 사이, 번역과 창작 사이, 그리고 나의 30대와 40대 사이를 오가며 이 책을 썼다. 추측건대, 여기까지 내 시시콜콜한 이야기를 들어준 당신 역시 누군가를, 무언가를 향한 오랜 애착을 지닌 사람이지 않을까 싶다. 나는 그런 당신이, 특별히 그리스도교 성경해석 전통의 역사에 애착을 지닌 당신이 내 옆에 앉아있고, 나는 당신에게 오리게네스의 성경해석학 서사기를 들려준다고 상상하면서 이 책을 썼다.

저자 곽계일

알레고리적 해석 방법은 한국 신학계에는 시도조차 하면
안 되는 금지된 해석방법이다. 이런 이유로 이 해석 방법
의 대표적인 주창자인 오리게네스는 초대 교부 가운데서
도 많은 연구가 되어있지 않은 신학자이기도 하다. 그러나
신구약의 신학적 통일성을 부여하는데 현재에도 유용하게
사용하는 모형론적 해석 방법이 알레고리적 해석 방법의
한 부류라는 것을 인식하는 사람은 드물다. 이 책은 신적
상징('심볼론')에 대한 비유('알레고리아') 해석을 통해 신적
비밀을 모색했던 1-3세기 지중해권 사상 조류 속에서 오리
게네스의 성경해석학이 형성되는 과정을 서사적으로 풀어

내고 있다. 또한 오리게네스가 교류했던 3세기 팔레스티나 랍비들의 미드라시 역시 상징에 대한 알레고리 해석을 사용했다고 밝히면서, 개신교 성경해석사에서 일어난 알레고리적 해석 방법의 배제가 어떻게 상징으로서 성경과 성례 그리고 신앙고백에 대한 이해와 활용에 영향을 미쳤는지 다루고 있다. 개인적으로는 4장에 예루살렘 성전이 무너진 후, 오리게네스와 유대 랍비 간에 '참 이스라엘은 누구인가?'의 논쟁을 유월절의 피의 관점에서 미드라시 해석법 중 하나인 '칼 바호메르'를 적용하여 알레고리적으로 전개하는 것이 매우 흥미로웠다. 성서 해석에 관심있는 사람이라면 알레고리적 해석 방법에 동의하든, 동의하지 않든, 변증학적 성서해석가로서의 오리게네스의 삶을 살펴보는 것만으로도 이 책은 매우 유용하다.

박성진 교수
(미국 미드웨스턴 침례신학교 아시아부 학장/구약학)

드디어 한국 저자가 소개하는 오리게네스 성경해석학 책이 나왔다! 오랫동안 이날이 오기를 기다렸다. 초대교회 교부 중에 오리게네스만큼 논란이 많은 교부는 없을 것이다. 그 논란 중의 하나는 오리게네스의 성경해석방법인 '알레고리'에 관한 것이다. 알레고리는 일반적으로 잘못된 성경해석의 표본으로 알려졌다. 이 분야의 전문가인 곽계일 박사님은 이 책을 통해 오리게네스의 알레고리적 성경해석에 관한 오해를 풀면서 그가 본래 추구한 정신과 방법을 흥미롭게 소개한다. 저자의 안내에 따라 책을 읽어가다 보면 이제 더 이상 '위험한 성경해석가'가 아닌 고대교회의 위대한 성경해석가로서 오리게네스의 진면목을 발견할 수 있을 것이다. 이 책은 독특하게도 오리게네스의 생애와 성경해석을 함께 엮어가고 있다. 이를 통해 고대교회의 원숙한 성경해석가의 발전과정을 맛볼 수 있는 기쁨도 누릴 수 있을 것이다.

배정훈 교수
(고신대학교 신학과 교회사)

1장. 상징의 시대

고대 그리스인들은 상거래를 마치면서 판매자와 구매자가 토기 접시를 쪼개어 반반씩 나누어 가졌다. 거래 명세를 확인할 필요가 생기면 양측 당사자는 토기 조각을 영수증처럼 활용했다. 구매자가 가져온 조각과 판매자가 보관하고 있던 조각을 서로 비교하여 이어본 후 맞춰지면 비로소 구매자의 신분과 함께 거래 명세도 확인해 볼 수 있었다. 상대의 신분과 명세를 확인해 줄 증표로 사용된 반쪽짜리 조각을 고대 그리스인들은 "심볼론"이라고 불렀다.[1]

---

1 "심볼론", σύμβολον. 참고, Van Austin Harvey, *A Handbook of*

반쪽 상태로는 그 의미와 쓸모가 불분명하고 비밀스럽다가 다른 반쪽과 다시 하나로 맞붙여졌을 때 비로소 증표로써 의미와 쓸모가 분명해지는 물건이 '심볼론' 즉 상징이었다. '심볼론'이 있는 곳엔 원래 하나였던 증표를 나눠 가진 소유자들이 재회하여 증표를 다시 합치고 양자의 관계를 재확인하는 한 편의 드라마가 펼쳐지기 마련이었다.

B.C. 6-4세기를 기점으로 '심볼론'은 인간과 인간 사이를 넘어서 인간과 신 사이를 이어주는 신성한 증표로 주목받기 시작했다. 신화 속 신들의 형상이 그나마 가장 널리 알려진 상징이었음에도 일반인들은 제아무리 유명한 신들의 형상도 제대로 알지 못할 만큼 신성한 상징은 소수만 전유하는 비밀스러운 것이었다. 하지만 2-3세기에 이르자 도시 언덕에 세워진 신전뿐만 아니라 광장 시장에서 그리고 심지어 가정집 부엌에서도 볼 수 있을 만큼 갖가지 신들의 형상이 조각상과 동전 그리고 토기 그릇에 새겨져 도시 어디에나 흘러넘쳤다. 신들의 형상은 지중해를 오가는 상인들을 통해 유럽, 아프리카, 아시아 대륙으로부터 흘러

Theological Terms (New York: Macmillan, 1964), 232-233.

나와 이 '땅 가운데 바다'에서 섞였다가 항구 도시를 통해 다른 대륙에 나타났다. 후기 고대 시대는 이전의 어느 시대보다 많은 하늘의 신들이 상징을 매개체 삼아 땅으로 내려와 사람들과 더불어 도시의 길거리를 활보하는 시대, 바로 '상징의 시대'였다.[2]

상징의 시대

어느 때보다 자주 그리고 가까이 신들의 형상을 바라보게 된 지중해인들의 시선엔 위안만이 아니라 불안도 증가했다. 신들도 자신을 어느 때보다 자주 그리고 가까이 지켜보게 된 현실은 사람을 향한 신의 가호가 언제든지 분노로 바뀔 가능성 또한 비례해서 높아졌음을 의미했다. 이 시기에 주조된 동전에서 흔히 발견되는 라틴어 문구는 '프로비덴시아 디오룸'으로, 풀이하자면 "신들이 지켜보고 있

---

2 지중해 문명사에서 '후기 고대'(late antiquity)가 언제부터 언제까지 시기를 가리키는지에 관해 역사가마다 의견이 다양하지만, 나는 앞서 인용한 Peter Brown의 제안을 따라 2-8세기를 가리키는 용어로 이 책에서 사용했다.

다."였다.[3] 현재 누리는 신들의 가호가 분노로 바뀌지 않도록, 그 결과로 평화와 번영이 가뭄, 지진, 전염병이나 전쟁으로 바뀌지 않도록 후기 고대 시대의 지중해인들은 전통적인 종교 체계와 제례 절차를 보존하면서도 보다 정교하게 발전시켜 나가야 했다.

이러한 당위성을 힘입어서 동전과 토기에 새겨진 신들의 형상뿐만 아니라 이름도 유효한 상징으로 주목받게 되었다. 후기 고대인들 사이에서 '이름' 상징은 사람의 날숨이 혀를 통해 신의 이름으로 발음되어 공기 중에 내뱉어질 때 신적 임재가 듣는 상대에게 축복이나 저주로 효력을 발휘하는 방식으로 이해되고 사용되었다. 2세기 말 알렉산드리아에서 태어나 3세기 중반까지 살았던 후기 고대인 한 사람은 지중해 문명사회에서 '이름' 상징이 통용되던 방식을 다음과 같이 자세히 전한다. 무엇보다 신들의 이름을 얼마나 원어식으로 정확하고 유려하게 발음하느냐에 따라 효력이 결정되며, 외국어 번역식 이름은 상대적으로 효력이

---

3 '프로비덴시아 디오룸'(*Providentia deorum*). 참고, Peter Brown, *The World of Late Antiquity* (New York: Harcourt Brace Jovanovich, 1971), 50.

떨어진다.[4] 조상 대대로 섬겨온 전통 신이 아닌 낯선 이방 신일지라도 그 이름을 부르는 자체로 효력이 발생한다. 게다가, 여러 신들의 이름을 나란히 붙여 조합해서 부른다든지, 아니면 예를 들어서 "아브라함의 하나님, 이삭의 하나님, 야곱의 하나님" 식으로 한 신의 이름을 대표적인 신앙인의 이름과 조합해서 여러 차례 부르면 효력은 배가된다.[5]

신의 형상이든지 이름이든지 간에 상징이 효력을 발휘하는 기본 원리는 결국 '다다익선'이었다. 더 많은 신들의 형상과 이름을 더 정확히 알고 있는 사람은 신들로부터 그만큼 더 많은 보호와 축복을 누릴 기회를 소유했다. 이 원리는 해외 무역, 여행, 외국어 교육, 독서 등을 통해 더 많은 지역과 민족의 신들에 관해 알게 될 기회를 가진 상류층이 더 많은 신의 축복을 누릴 기회를 누린다는 면에서 '부익부 빈익빈' 원리와도 연결된다. 신성한 상징이 작동하는 '다다익선'과 '부익부 빈익빈' 원리는 상류층으로부터 하류층까지 피라미드식 계층 구조를 형성하는 사회 구성 원리이기도 했다. '하늘 아래' 사회의 계층 구조는 상징을 매

---

4 참고, 오리게네스, 『켈수스 논박』 1.25 (SC 132, 142.31-35).
5 참고, 오리게네스, 『켈수스 논박』 4.33 (SC 136, 266.16-268).

개로 인간사에 개입하는 신들이 이루고 있는 '하늘 위' 사회의 계층 구조를 반영하는 그림자였다.

지중해 지역에서 로마 다음으로 규모가 컸던 알렉산드리아는 하늘 아래 세계의 축소판이었다. 이 국제 항구 도시는 동방과 서방으로부터 물류뿐만 아니라 다양한 인종과 언어 그리고 사상이 모여드는 집적 사회였다. 그렇다고 해서 알렉산드리아가 인종과 사상의 도가니였다는 의미는 아니다. 지중해 제2국제도시의 사회 구조는 도리어 지역 명물인 피라미드에 가까웠다. 5개 구역으로 구획된 알렉산드리아는 제1시민 로마인과 그리스인, 그 아래 유대인, 그리고 나머지 모든 인종이 '이집트인'이라는 하나의 범주 아래 지정된 구역에서 분리 거주하는 적층 구조 사회였다.[6] 최상위층에서 거주하는 로마인과 그리스인들은 이 도시를 "이집트 인근의 알렉산드리아"라고 부르며 '이집트인'

---

6 참고, Ronald Heine, *Origen: Scholarship in the Service of the Church* (Oxford: Oxford University Press, 2010), 3-7. 고대 알렉산드리아의 5개 지역구는 (1) 로마·그리스인의 구역 '브루케이온', (2) 항구 지역 '레기아', (3) 삼각주 '델타' 구역, (4) 삼각주 동편의 유대인 구역, 그리고 (5) 삼각주 아래 이집트인 및 기타 민족의 구역 '라코티스'였다.

들로부터 의도적으로 자신을 구분했다.[7] 반면, 3세기 이집트 원주민들은 알렉산드리아를 방문한 인도 왕에게 그리스인들을 일컬어 "외국에서 굴러들어와 제멋대로 구는 무법자들에다 입만 열면 신화를 떠벌리는 자들일 뿐이다."라고 험담하며 당시 인종 간 계층 갈등의 단면을 드러냈다.[8]

하늘 아래 피라미드식 인간 사회는 최상위층 그리스·로마 신들로부터 나머지 이집트 -즉, 잡다한- 신들이 이루는 하늘 위 사회의 축소판이었다. 동방 상인들이 '이집트에 근접한' 국제도시에 수출한 이국적인 무역품 중 하나는 동방 신들의 형상과 이름이었다. 낯선 동방 신들을 향한 신앙이 알렉산드리아에서 대유행한 까닭은 결코 토착 신들이 누려온 자리를 대체할 만큼 외래 신들이 우등해서가 아니었다. 정반대로, 열등한 신들의 하단부 유입으로 토착 신들이 차지하고 있던 상단부가 더 높아지고 견고해져서였다.[9] 그에 비례해 토착 신들을 오랫동안 추앙해온 기득권

---

7 참고, Garth Fowden, *The Egyptian Hermes* (Cambridge: Cambridge University Press, 1986), 20 n. 40.

8 필로스트라토스, 『티아나 출신 아폴로니오스의 생애』 3.32 (LCL 16, 290).

9 참고, Henry Chadwick, *The Early Church* (London: Penguin,

의 지위도 결국 더 높아지고 견고해져서였다. 모든 미지*知의 인종을 현재 자신들의 지배 아래 있는 '이집트인'이라는 주지周知의 범주로 분류해온 로마인들은 마찬가지로 모든 미지의 신종을 '이집트 신'이라는 주지의 범주로 분류했다.

그런 까닭으로 로마인들은 그리스도교 신자들을 위협으로 간주하고 핍박했다. 1세기 초에 십자가 형벌로 죽은 유대인 범죄자 예수를 모든 신 위에 뛰어난 신으로 높임으로써 하늘 위 사회의 질서를 전복시키려 하는 그리스도교 신자들이 자신들이 구축해온 하늘 아래 사회의 질서마저 전복시키리라는 예상은 로마인들이 향유해온 세계관 안에서 자연스러운 수순이자 귀결이었다. 알렉산드리아의 그리스도교 신자들은 "유대인이나 헬라인이나 종이나 자유인이나 남자나 여자나 다 그리스도 예수 안에서 하나"갈 3:28라는 가르침과 실천을 통해 이미 로마인과 유대인 그리고 이집트인 사이 경계를 허물며 "천하를 어지럽게"행 17:6 하고 있었다.[10] 알렉산드리아 교회를 향한 대규모 핍박은 로

1993), 72; Peter Brown, *The World of Late Antiquity*, 63-64.

10 유대인 해외 디아스포라 공동체가 주축이 되어 일으켰던 제 2차 유대-로마 전쟁(115-117년)이 패배로 끝나자 그 여파로 알렉산드리아의 디아스포라 역시 2세기 중반에나 재건

마 황제 세베루스 치세기 202년과 막시미누스 치세기 235-238년 그리고 디오클레티아누스 치세기 303년에 발생했는데, 로마인들이 불태운 것은 그리스도교 신자와 그들이 모이는 교회 건물 그리고 모임에서 사용하는 성경이었다.[11]

텍스트 상징과 비유 해석

성경을 모아 불태우라는 황제 디오클레티아누스의 제1칙령은 이 텍스트가 교회 모임에서 그리스도의 임재를 매개하는 주요 상징으로 사용되었던 정황을 외부자의 시

될 만큼 철저하게 붕괴하였다. 그 사이 회당을 떠나 교회로 합류하는 유대인 이탈자가 확연히 증가했고, 회당과 교회 사이 상호 구별과 변증도 이전보다 날카로워지게 되었다. 참고, 곽계일, "초기 그리스도교 형성 과정에 나타난 자신학화: 알렉산드리아 그리스도교 전통의 기원과 형성, 1-4세기," 『교회 역사 속에 나타난 자신학화』 (서울: 한국선교연구원, 2023), 108-121; Birger Pearson, "Cracking a Conundrum: Christian Origins in Egypt," *Studia Theologica* 57 (2003), 41-44; Maren Niehoff, "A Jewish Critique of Christianity from Second-Century Alexandria," *Journal of Early Christian Studies* 21.2 (2013), 154-159.

11 참고, 에우세비오스, 『교회사』 6.41.7-17 (LCL 265, 103-105); 8.2.1 (LCL 265, 257).

선으로 드러내 준다.[12] 성경을 '텍스트' 상징으로 사용하고 있던 알렉산드리아 교회의 정황을 포착한 추가 목격자는 암모니오스의 2세대 제자였던 포르피리오스[234-304년]였다. 포르피리오스는 알렉산드리아의 그리스도교 신자들이 유대인의 경전을 "비유"알레고리아 방법으로 해석한다고 비평하면서, 이 해석법은 신적 "비밀"아이니그마을 담고 있는 텍스트 상징에 적용함으로써 신의 임재를 "매개"하고 "신탁"을 받고자 할 때 제사장들이 사용하던 일종의 제례 행위라는 설명을 덧붙였다.[13]

포르피리오스에 따르면, 텍스트 상징을 이용한 제례와 신탁 행위는 B.C. 6세기 피타고라스를 통해 고대 이집트로부터 그리스에 처음 소개되었다. 이집트에서 유학하던 피타고라스는 현지 제사장들로부터 "상징형" 텍스트와 그 해석 방법에 관해 배웠다. 난이도에 따라 평이한 텍스트

---

12 참고, Harry Gamble, *Books and Readers in the Early Church* (New Heaven: Yale University Press, 1995), 150.

13 포르피리오스 인용 출처는 에우세비오스, 『교회사』 6.19 (LCL 265, 56.4-58.5). "비유", 알레고리아/ἀλληγορία. "비밀", 아이니그마/αἴνιγμα. 참고, Crystal Addey, *Divination and Theurgy* (Burlington: Ashgate Publishing, 2014), 80-81.

는 "닮은 모양을 따라" 문자적으로 풀이하지만, 고도로 비밀스러운 텍스트는 "비유 해석법을 사용해서" 풀이해야 했다.[14] 피타고라스의 공헌을 재확인해준 인물은 2세기 알렉산드리아 교회에서 입교 지도 교사로 활동하다 팔레스티나로 이주한 클레멘스였다.[15] 클레멘스와 포르피리오스의 증언이 일치하는 부분은 공통 용어의 사용이다. 두 증인 모두 텍스트 상징의 신적 기원을 암시하는 용어로 '아이니그마'를, 그리고 텍스트 안에 숨겨진 신적 계시를 드러내는 해석 용어로 '알레고리아'를 사용했다.[16] 신들이 인간의 문자 안에 계시를 비밀스럽게 숨겨 두었기 때문에 상징형 텍스트는 해석하기 가장 어려우면서도 동시에 신과 인간을 이어주기에 가장 적합한 고도의 매개체이다. 이런 난해한

---

14 포르피리오스, 『피타고라스의 생애』 11-12 (Places 41.10-15). "상징형", συμβολικῶν. "닮은 모양을 따라", κατὰ μίμησιν. "비유 해석법을 사용해서", τῶν δ' ἀλληγορουμένων.

15 텍스트 상징이 고대 이집트로부터 피타고라스를 통해 지중해 세계에 유입되었다는 설은 클레멘스와 포르피리오스 외에도 1세기 플루타르코스, 3세기 필로스트라토스, 3-4세기 이암블리코스 등이 뒷받침한다. 참고, 플루타르코스, 『이시스, 오시리스 신론』 354E; 필로스트라토스, 『티아나 출신 아폴로니오스의 생애』 6, 19.41; 이암블리코스, 『이집트 신비론』 7, 249.11-250.4.

16 클레멘스, 『선집』 5, 4.20-21 (GCS 52, 339.16-26).

텍스트를 사용하는 상황은 일상적이지 않은 제례적 상황이고 해석자는 일반인이 아닌 제사장이라며 2세기 그리스도교 신자와 3세기 후기 플라톤 사상가는 다시 한번 입을 모은다.

피타고라스와 그의 제자들은 이집트의 텍스트 상징 전통을 그리스의 토착 신탁神託 전통과 융합했다.[17] 신들에게 미래에 관해 묻고 대답을 듣기 위해서 사용하던 -동물의 내장 상태나 새의 비행경로 같은- 기존 상징에 텍스트가 새로 추가되었다. 토착 전통과 외래 전통의 융합은 그리스 고전 텍스트를 재조명하고 재해석하는 운동의 시발점이 되었다. 그 결과, B.C. 6-4세기를 거치며 오르페우스나 호메로스는 시인에서 선지자로, 그들의 작품은 사람의 심금을 울리는 서사시에서 신탁을 감추고 있는 텍스트 상징으로 격상되었다. 클레멘스의 해설에 따르면,

> 고대 선지자들로부터 신학을 배운 시인들은 [신들과 세계에

---

17 참고, Walter Burkert, *Lore and Science in Ancient Pythagoreanism* (Cambridge: Harvard University Press, 1972), 176-177; Peter Struck, *Birth of the Symbol* (Princeton: University of Princeton, 2004), 105.

관한] 진리를 시어 안에 비밀스럽게 감추어 두었습니다. 지
금 오르페우스, 리노스, 무사이오스, 호메로스, 그리고 헤시
오도스 같은 이들에 관해 말하는 것인데, 사람의 심금을 울
리는 이들의 서사시는 사실 그 속에 많은 진리를 감추기 위
한 가리개였습니다. … 진리를 감추고 있는 '아이니그마'
를 이해하려는 연구가 진리의 발견을 앞당길 것입니다.[18]

신탁받기 위해 제사장이 동물을 해부한 뒤 내장의 상태를
읽어내야 하듯이, 텍스트 상징 역시 주해되고 해석되어야
한다. 텍스트를 상징의 범주로 끌어들인 신학자들이 피타
고라스 전통 출신이었다면, 텍스트를 해석하는 방법론으
로 상징의 시대에 이바지한 신학자 집단은 스토아 전통이
었다. 대표적 일원이었던 코르누토스약 65년 사망는 스토아 해
석학 전통을 정리하고 종합한 1세기 작 『그리스 신학 총
론』을 다음과 같이 고대인들에게 바치는 찬양으로 갈무리
한다.

> 고대 저술가들은 '코스모스'세계의 본질을 이해하는 능력 면
> 에서 그리고 '심볼론'상징과 '아이니그마'비밀을 이용해 세계의

---

18   클레멘스, 『선집』 5, 4.21-24 (GCS 52, 340. 5-341.4).

본질을 시적 언어로 표현하는 능력 면에서 비범한 사람들
이었습니다.[19]

코르누토스가 신학 총론에 담아낸 것은 결국 고대 선
지자들이 장구하게 전해준 신화 속 "비밀"이었고, 비밀은
다름 아니라 "신들"과 "세계"와 "상징"에 관한 것이었다.[20]
『그리스 신학 총론』에서 상징은 신화 속 신들이 사용하는
도구나 몸에 걸치는 장신구를 가리키며, 각각의 상징은 세
계를 아름답고 질서정연하게 구성하는 각각의 원리를 의
미한다. 예를 들어서, 헤라클레스가 손에 쥔 화살과 몸에
걸친 사자 가죽은 고귀한 권세의 원리를(총론 63.19), 아
스클레피오스의 지팡이는 회복의 원리를 의미한다(총론
70.13). 예술과 학문의 신 무사ᴹᶻ의 여성성 자체가 깊은 학
식은 실외가 아닌 실내로부터 나온다는 원리를 가르쳐주
듯이, 신들의 속성이나 이름 또한 상징이다(총론 15.11).[21]
스토아 전통에서 상징은 신들에게 속한 신성한 것으로, 세
계에 화합과 질서를 가져다주는 신성한 원리에 관한 비밀

---

19 코르누토스, 『신학 총론』 76.3-5 (Ramelli, 35).

20 참고, 코르누토스, 『신학 총론』 76.6-9 (Ramelli, 35).

21 참고, Peter Struck, *Birth of the Symbol*, 145-146.

이었다.

그렇다면 신화에 대한 해석은 하늘 위 신들에 관한 이야기를 하늘 아래 인간이 배워야 할 교훈으로 바꾸는 일종의 치환置換 작업이었다. 신학 총론에서 코르누토스가 사용한 용어로 설명하자면, 신화 해석은 인간에게 적용할 '하이포노이아' 즉 "숨겨진 의미"를 찾아내는 작업이었다.[22] 동시대 문헌 학자로서 호메로스에 관한 주석을 남긴 헤라클레이토스는 해석이 근본적으로 치환 행위임을 강조하고자 '휘포노이아' 대신 '알레고리아'라는 용어를 사용했다. 그가 밝힌 정의에 따르면, 1세기에 등장하기 시작한 -그래서 코르누토스가 신학 총론에서 미처 사용하지 않은- 이 신조어는 "어떤 것을 말하면서 그와 다른 의미를 전하는 일종의 비유법"이었다.[23] 저자가 의도한 다른 의미를 찾는 '알레고리아' 해석은 저자가 내뱉은 말과 저자가 의도했을 법한 다수의 가능한 의미들을 교차 비교하면서 짝이 가장 잘 맞는 의미를 선택하는 작업이었다. 비교와 병치 행위라는 점

---

22 '휘포노이아', ὑπόνοια.

23 헤라클레이토스, 『호메로스 문제』 5.2 (Russel-Konstan, 8-9).

에서 '알레고리아' 해석은 상징 행위였다.[24]

신화라는 텍스트 상징에 대한 '알레고리아' 해석을 통해 스토아 해석가들이 찾으려 했던 다른 의미는 세계의 본질에 관한 비밀이었다. 이 신성한 비밀을 스토아 사상가들은 '로고스'로 개념화했고, 조화로운 '코스모스' 세계를 로고스의 충만으로 말미암아 나타난 현상으로 이해하는 세계관을 구축했다.[25] '로고스'가 하늘부터 땅까지 여러 존재계로 구성된 세계를 하나로 질서있게 엮어주는 구성 원리라면, '알레고리아'는 역으로 땅으로부터 하늘까지 세계를 재구성하고 이해하는 인식 원리였다. 텍스트 상징이 "극대 세계"를 압축한 "극소 세계"라면, 상징 해석법으로서 '알레고리아'는 텍스트로부터 압축된 세계를 꺼내 다시 펼치는 복원 작업이었다.[26] '로고스'는 텍스트와 해석, 세계의 구성과 인식, 압축과 복원 사이를 매끄럽게 연결해주는 경첩이었다. '알레고리아'는 신성한 '로고스'에 대한 탐구법으로서

---

24   참고, 헤라클레이토스, 『호메로스 문제』 5.3-6 (Russell-Konstan, 8-9).

25   참고, 키케로, 『점술론』 2.23; 아프로디시아스의 알렉산드로스, 『혼합론』 223.25, 226.34; 플루타르코스, 『운명론』 574d.

26   참고, Crystal Addey, *Divination and Theurgy*, 69-70.

신학이었고, '로고스'로 충만한 천체계 세계에 대한 탐구법으로서 과학이었으며, 그런 세계 아래 조화롭게 살아갈 인간 된 도리에 관한 탐구법으로서 철학이었다. 스토아 사상가들은 텍스트 상징에 대한 '알레고리아' 해석법을 통해 철학, 과학, 신학의 삼중三重 지식을 모색했고, 삼중 지식을 통해 일체의 세계를 가늠해 보았다.

암모니오스와 제자들

텍스트 상징을 매개 삼아 신들의 섭리와 세계의 원리를 이해하려는 적극적인 시도는 다양한 철학 사상 전통들의 내부 간 연구뿐만 아니라 상호 간 연구로 이어졌고, 그 과정에서 새로운 융합 전통의 형성과 발전으로 이어졌다.[27] 피타고라스 사상 전통을 바탕으로 전통 간 사상의 대융합과 대전환 운동에 동참했던 사상가들로 누메니오스, 크로니오스, 아폴로파네스, 롱기노스, 모데라토스, 니코마코스 등을 꼽는다면, 카이레몬과 코르누토스는 스토아 사

---

27 Robert Berchman, *From Philo to Origen* (Chico: Scholars Press, 1984), 9.

상 전통을 바탕으로 참여한 사상가들이었다. 이들 사상가 무리는 오리게네스가 "이 비밀스러운 신학"이라고 부른 새로운 영역을 개척한 선구자들이었다.[28] 상징의 시대에 등장한 신학자들이란 신들이 인간에게 내려주는 계시의 상징을 받아 읽고 해석함으로써 인간 사회가 신성한 의무를 다하도록 돕는 해석자였으며, 하늘과 땅 사이를 이어주는 제사장이었다. 상징의 시대를 주도한 신학자들은 상징의 해석자였다.

플라톤 사상 전통에 바탕을 두고 상징의 시대를 주도한 선구적 신학자는 3세기 알렉산드리아에서 활동했던 암모니오스 사카스[175-242년]였다. 암모니오스는 피타고라스와 스토아 사상 전통을 교차 참고하면서 플라톤은 침묵하였으나 아리스토텔레스가 대변한 영역, 즉 신계와 물질계 사이 중간계를 적극 탐사해나가기 시작했다.[29] 이 과정에서

---

28 오리게네스, 『켈수스 논박』 1.24 (SC 132, 138.25-29). "이 비밀스러운 신학", τίνος θεολογίας ἀπορρήτου.

29 아리스토텔레스는 중간계를 "수학계"라고 명명했다(아리스토텔레스, 『형이상학』, 259f). 중기 플라톤 사상가들에게 중간계에 대한 호기심에 불을 지폈던 (2-3세기 아리스토텔레스 사상가) 아프로디시아스의 알렉산드로스는 "천체계"로 수정했다(알렉산드로스, 『형이상학』 446.35-447.3).

그는 스토아 전통의 도움을 받아 얻게 된 중간 천체계에 관한 이해를 열쇠로 활용하여 기존 플라톤 전통에서 물질계에 속한 인간이 도저히 이해할 수 없는 영역으로 봉인해 왔던 신계를 탐구 가능한 세계로 열어젖혔다.[30] 그는 심지어 인간의 영혼이 신계로 올라갈 가능성까지도 모색하려 했는데, 이러한 대범한 발상은 피타고라스 전통의 전매특허였다.

철인 플라톤이 말로 가르친 바를 재해석하고 그가 침묵한 바를 추론함으로써 플라톤의 사상체계를 강화하고 확장해나가는 자세야말로 플라톤 '전통다움' 그 자체였다.[31] 피타고라스 전통이 암모니오스를 통해 플라톤 전통

참고, Koch-Schmidt, *Pronoia und Paideusis* (Berlin: W. De Gruyter, 1932), 243-268; Reginald Witt, *Albinus and the History of Middle Platonism* (Cambridge: Cambridge University Press, 1937), 32-41; Robert Berchman, *From Philo to Origen*, 83-86; David Dawson, *Allegorical Readers and Cultural Revision in Ancient Alexandria* (Berkeley: University of California, 1992), 187, 204-205.

30 5세기 신플라톤 전통 사상가 히에로클레스는 암모니오스를 두고 플라톤의 가르침뿐만 아니라 아리스토텔레스의 가르침도 정통으로 계승하여 종합한 철인으로 평가했다. 참고, 포티우스, 『비블리오테카』 214 (Henry 3, 129.18-24).

31 참고, David Dawson, *Allegorical Readers and Cultural*

에 소개한 텍스트 상징은 물질계로부터 천체계를 지나 신계까지 올라가는 길을 그린 지도가 되었고, 스토아 사상 전통이 발전시킨 '알레고리아' 비유 해석은 지도를 읽는 독법이 되었다. 암모니오스는 새로운 세계 지도와 독법을 준비해 놓는 것으로 플라톤 사상의 발전사에서 중기 시대를 마무리 지었다. 이제 지도를 읽어 나가면서 새로운 후기 시대를 여는 것은 제자들의 몫이었다.

암모니오스의 제자들 -곧, 후기 플라톤 사상가들- 은 스토아 전통에서 말하는 '로고스'를 정립된 세계의 구성 원리 넘어서 현재도 세계 속에서 진행 중인 신적 활동으로 수용했다. 1세대 제자 플로티노스는 '로고스'가 절대 일자의 "은혜"와 "사랑"으로 말미암아 발현되는 자기 계시 행위이며, 그 결과로 신의 "흔적" 혹은 "형상"이 세계 곳곳에 편만하게 나타난다고 보았다.[32] 인간의 영혼은 '알레고리아' 방법을 사용해 신의 흔적을 해석함으로써 물질계에 대한 이해를 딛고 중간계를 거쳐 신계로 올라선다. 그 끝에

Revision in Ancient Alexandria, 189.

32 플로티노스, 『엔네아데스』 6, 7.22.21-25 (LCL 468, 156).
    "은혜", χάριτας. "사랑", ἔρωτας. "흔적", ἴχνος. "형상", εἰκών.

서 마침내 절대 일자가 베푸는 절대 진선미^{眞善美}를 바라보며 향유한다. 플로티노스는 해석적 과정과 초월적 경험을 통틀어 '테오리아'라는 용어로 개념화했다.[33] 이 용어는 고대 그리스 사회에서 순례자가 신전에 도착해 가져온 제물을 바치고 그 연기가 하늘의 신에게로 올라가는 감격스러운 광경을 바라보는 행위에서 유래했다.[34] '테오리아'가 세계의 모든 근원으로 돌아가 창조자와 화평의 교제를 나누는 영혼의 순례 드라마라면, '알레고리아'는 드라마를 이끌어나가는 순례자의 발걸음이었다.

선생 플로티노스가 사용한 '흔적' 또는 '형상' 같은 계시 범주의 용어를 제자 포르피리오스는 '상징'으로 취합했고, 피타고라스 전통의 언어를 빌려 "신계와 일반계 사이 매개체"라고 정의했다.[35] 하지만 포르피리오스의 제자 이암블리코스는 선생보다-그리고 피타고라스 전통보다-훨씬 더

33　'테오리아', θεωρία.

34　혹은, 지혜를 얻기 위해 먼 길을 떠나 마침내 스승을 만나는 장면을 가리킨다. 참고, Andrea Nightingale, *Spectacles of Truth in Classical Greek Philosophy* (Cambridge: Cambridge University Press, 2004), 3-4, 40-71.

35　포르피리오스, 『철학 단편집』 326F; 328f; 356f; 358f.

대담한 신념을 상징에 투사했다. 상징이 본래 "신에게 속한 것"이므로 신에게로 돌아가려는 "신적 능력"이 그 안에 내재해 있다고 보았다.[36] 그리고 이 능력을 힘입는다면 인간의 영혼뿐만 아니라 육신도 신과 합일에 이를 수 있다고 믿었다. 이런 신념으로부터 이암블리코스는 "상징이 없이는 어떤 신적 역사도 일어나지 않는다."라고 선언했다.[37] 이 대담한 선언과 함께 그는 선생 포르피리오스가 제시한 인간 영혼의 구원 여정으로서 '테오리아' 곧 "관상" 너머, 영혼육의 일원적 구원 경험으로서 '테우르기아' 곧 "신적 역사"를 구원론으로 제시했다.[38]

암모니오스의 제자 1, 2세대가 헬라 사상간 융합 넘어 이집트 사상간 융합을 통해 플라톤 전통의 진일보를 이뤄냈듯이, 3세대 이암블리코스가 이룬 대담한 진보 역시 또 다른 외부 사상간 융합을 통해 이뤄낸 성취였다. 『이집트 신비론』에서 이암블리코스가 밝힌 외부 사상 전통의 정체

---

36 이암블리코스, 『이집트 신비론』 7, 258.5-6. 참고, 『이집트 신비론』 2, 96.13-97.7.

37 이암블리코스, 『이집트 신비론』 7, 258.8.

38 '테우르기아', θεουργία.

는 아시리아와 칼데아^{바벨론} 전통이었다.[39] 동방 사상 전통의
세계로 들어서는 이암블리코스에게 문지방이 되었던 자료
는 『칼데아 신탁집』이었는데, 이 문헌의 출처를 둘러싼 전
승 자체가 이 후기 플라톤 사상가가 앞으로 도달할 사상적
지향점을 예정해 주고 있었다. 11세기 비잔틴 지역의 수
도사 프셀로스에 따르면, 이 신탁집은 "마르쿠스 아우렐리
우스 로마 황제 시대^{재위 161~180년}에 살았던 율리아누스 부자"
를 통해 지중해 세계에 소개되었다.[40] 칼데아 지역 출신의
아버지는 헬라 문화에서 태어난 아들을 매개자 삼아 "아
폴로 신과 헤르메스 신"으로부터 새로운 신탁을 받았는데,
두 신과 동거하는 플라톤의 영혼이 아들을 도왔다고 밝혔
다.[41] 칼데아인 아버지가 칼데아계 헬라인 아들을 통해 플
라톤과 합작하여 획기적인 신탁을 받았듯이, 아시리아 출
신의 이암블리코스는 칼데아 전통을 -그 자체로 융합물
인- 후기 플라톤 전통과 재융합함으로써 절대 일자와 합

---

39   이암블리코스, 『이집트 신비론』 1, 4.10-5.1.

40   프셀로스, 『철학 단편집』 46, 166.43-51.

41   참고, 프로클로스, 『플라톤의 티마이오스 주석』 3, 20.22; 『플
     라톤의 국가론 주석』 2, 123.9-11.

일하는 획기적인 구원의 길을 제시할 수 있었다.

암모니오스의 제자들은 유럽, 아프리카 그리고 아시아로부터 흘러들어 지중해에서 융합한 사상 전통들과의 내외간 대화를 바탕으로 신학의 "총체"를 추구했다.[42] 이들 사이엔 "세계의 비밀아이니그마은 상징심볼론 안에 감춰져 있고 비유 해석법알레고리아을 통해 밝힐 수 있다."는 공감대가 형성되었다.[43] 해석 방법론으로서 비유는 그 자체로 의미와 효력이 불분명한 상징 조각을 유사한 것끼리 비교하고 병치함으로써 비로소 신과의 연합 관계로 들어가는, 일련의 상징 행위 혹은 드라마였다. 이들 상징의 해석가 집단에 어울릴만한 전형적인 모습과 동시에 어울리지 않는 변형적 모습을 동시에 가지고 있던 암모니오스의 제자 한 사람은 오리게네스[185-254년]였다. 포르피리오스는 젊은 시절 아테네에서 직접 본 적 있는 선생 플로티노스의 동문에 관해

---

42 이암블리코스, 『이집트 신비론』 1, 2.8-3.2.

43 예를 들어서, 포르피리오스는 『님프의 동굴에 대하여』에서 '심볼론'은 '알레고리아'를 통해서 해석한다고 거듭 밝힌다. 참고, 포르피리오스, 『님프의 동굴에 대하여』 6.14, 22; 8.5, 20, 29, 31; 10.25; 12.4, 9; 14.27, 30, 31; 16.3, 20, 31; 18.21, 25; 20.5, 19, 25; 22.2; 26.12; 28.17; 30.2, 14, 23.

다음과 같이 회상한다.

> 이 사람은 우리 시대에 가장 뛰어난 철인 암모니오스의 제
> 자였고, 철학 사상과 관련해서 대   선생으로부터 큰 빛을
> 졌습니다. … 그는 언제나 플라톤을 연구했을 뿐만 아니
> 라 누메니오스, 크로니오스, 아폴로파네스, 롱기노스, 모
> 데라토스 그리고 니코마코스 같은 피타고라스 전통 사
> 상가들의 문헌에도 정통했습니다. 또한 카이레몬과 코
> 르누토스 같은 스토아 전통의 문헌을 참고하기도 했습
> 니다. 그는 그리스 신화에 사용하는 비유 해석법을 코르
> 누토스로부터 배워서 유대인의 경전에 적용했습니다.[44]

오리게네스가 다른 암모니오스의 제자들과 차별화된
요인은 바로 "유대인의 경전"에 대한 차별화된 신념이었
다. 포피리오스의 인식 속에 오리게네스는 "모세가 전한
의미 분명한 말"도 사실은 신적 "비밀"로 가득하다고 치켜
세운 장본인으로, 그래서 저급한 유대인의 경전을 해석하
는데 고귀한 "비유 해석법"을 사용하도록 그리스도교 신자

---

44 포르피리오스 인용 출처는 에우세비오스, 『교회사』 6.19
    (LCL 265, 58.7-8).

들을 선동한 장본인으로 각인되어 있었다.[45] 상징의 시대
에 비유 해석법을 적용한다는 것은 관련 텍스트를 다름 아
니라 신의 상징으로 여긴다는 의미였다.

---

45 포르피리오스 인용 출처는 에우세비오스, 『교회사』 6.19
    (LCL 265, 56.4-58.5). 포르피리오스는 그리스 아테네에서
    수학하고 있던 244년에 그의 선생 롱기노스와 변론을 벌이
    던 오리게네스를 처음 본다. 참고, 에우세비오스, 『교회사』
    6.19 (LCL 265, 59.5).

2장. 성경,
그리스도교의 텍스트 상징

2장. 성경, 그리스도교의 텍스트 상징

B.C. 3세기부터 프톨레마이오스 왕조의 도시 알렉산드리아는 무세이온 신전에 부속된 도서관과 함께 호메로스 서사시 연구의 새 중심지로 떠올랐다. 그 시작점에 왕실 교사이자 초대 도서관장이었던 제노도토스가 도서관 전속 학자들과 함께 호메로스 서사시의 여러 사본을 바탕으로 정립한 비평 본문이 있었다. 제노도토스는 기존 본문들의 흔적을 새 본문에 보존하기 위한 방법으로 첨가 별표[*]와 삭제 단검표[†] 기호를 고안하였고, 특정 기호 체계를 이용해 이뤄지는 비평 본문의 정립은 알렉산드리아 문헌학

전통의 기초가 되었다.[1] 이 기초 위에 아리스타르코스가 '호메로스는 호메로스로 해석한다'는 해석 원칙을 세웠다면, 제자 디오니시오스는 스승의 해석 원칙을 방법론적으로 적용할 체계를『문법론』안에 정립했다.[2]

알렉산드리아의 문헌 학자들은『문법론』에 기초해서 문헌 연구의 방법과 과정을 체계화했다. 본문 정립 '디오르토티콘'은 본문을 소리 내 낭독하면서 발음기호와 강세 그리고 문장 기호를 정리하는 작업 '아나그노스티콘'으로 완성된다. 연구 가능한 상태로 정립된 본문 위에 본문 분석 '에크세이게이티콘'을 쌓아 올리는데, 역사 분석 '히스토리콘'과 문법·수사 분석 '테크니콘'과 어휘 분석 '글로스세이마티콘' 그리고 문체 분석 '메트리콘' 등이 이 과정에 포함된다.[3] 문헌 연구의 최종 작업이자 목적은 독자를 위해

---

1 Ronald Heine, *Origen: Scholarship in the Service of the Church* (Oxford: Oxford University Press, 2010), 14, 19. 참고로 로마 황제 도미티아누스(재위 81-96년)는 포르티쿠스 옥타비아 건물에 부속된 도서관의 화재로 말미암아 소실된 자료를 복원하기 위해 황실 서기관들을 알렉산드리아 도서관에 보냈다. 참고, Charles McNelis, "Greek Grammarians and Roman Society," *Classical Antiquity* 21 (2002), 76-77.

2 Ronald Heine, *Origen*, 23.

3 '디오르토티콘', διορθωτικόν. '아나그노스티콘', ἀναγνωστικόν.

도덕적 판단과 교훈을 이끌어내는 비평 분석 '크리티콘'이
다.[4] 고전 문헌 연구의 시작과 과정 그리고 결론을 기록하
고 정리한 결과물인 주석집과 함께 프톨레마이오스 왕조
의 도시는 '이집트에 속한' 도시가 아니라 '이집트 인근에
있는' 지중해 국제도시가 되었다.[5]

알렉산드리아의 철인

오리게네스는 185년 알렉산드리아에서 태어났다. 어
떤 이는 오리게네스를 깎아내리고자 "이집트 신 호루스의
아들"이란 그의 이름 뜻까지 들먹이면서 그가 태생부터 천
한 "이집트인"이라고 주장했다.[6] 하지만 여느 가족 구성원

'에크세이게이티콘', ἐξηγητικόν. '히스토리콘', ἱστορικόν. '테
크니콘', τεχνικόν. '글로스세이마티콘', γλωσσηματικόν. '메
트리콘', μετρικόν.

4 '크리티콘', κριτικόν. 참고, Henri Marrou, *A History of Education in Antiquity* (New York: New American Library, 1964), 224-235.

5 M. B. Trapp, "Images of Alexandria in the writings of the Second Sophistic," *Alexandria, real and Imagined* (Aldershot: Ashgate, 2004), 126.

6 에피파니오스, 『이단총록』 64.1.2 (NHMS 79, 134). 참
고, Nancy Heisey, *Origen the Egyptian* (Nairobi: Paulines

들 사이에 로마식, 그리스식, 유대식 그리고 이집트식 이름이 혼재할 만큼 당시 알렉산드리아는 국제도시였다.[7] 그리스식 이름을 지녔던 부친 레오니데스는 아들 오리게네스를 그리스식 정규 교육 과정으로 직접 가르친 정황으로 보아 고등 문학 교사 '그람마티코스'였을 것이다.[8] 로마 황제 세베루스[재위 193-211년] 치세기 202년에 알렉산드리아의 그리스도교 신자들 중 로마 시민권자를 대상으로 핍박이 집중되었던 상황에서 로마령 이집트 속주의 총독 라에투스가 레오니데스에게 교수형과 재산 몰수를 집행했다는 사

Publications Africa, 2000), 29. 고대 알렉산드리아에서 "이집트인"은 인류학적 용어가 아니라, 제1 시민계층인 로마·그리스인 그리고 제2 시민계층인 유대인을 제외한 나머지 하층민을 가리키는 정치·사회적 용어였다. 참고, Ronald Heine, *Origen*, 2-7.

7 Ronald Heine, *Origen*, 20.

8 참고, 에우세비오스, 『교회사』 6.2.7 (LCL 265, 12.4-10); 6.2.15 (LCL 265, 14.27-16.2). 로마령 이집트 도시들마다 세대에 걸쳐서 가업을 잇는 경우가 빈번했다. 참고, Christopher Haas, *Alexandria in Late Antiquity* (Baltimore: Johns Hopkins University Press, 1997), 57-58. 초등 문법 교사 '그람마티스테이스[γραμματιστής]'는 철자와 음절 그리고 문장 독해를 가르쳤고, 고등 문학 교사 '그람마티코스[γραμματικός]'는 호메로스, 헤로도토스, 크세노폰 같은 고전 작가들과 그들의 작품에 관한 독해를 가르쳤다.

실은 그가 '브루케이온' 지구에 살 자격을 가진 로마 시민
권자였음을 암시한다.[9] 4세기 라틴 교부 히에로니무스제
롬의 증언에 따르면, 이름이 알려지지 않은 오리게네스의
모친은 어린 아들에게 히브리어로 시편을 읊어준 유대인
출신의 그리스도교 신자였다.[10] 17살 채 남짓에 부친과 상
속 재산을 모두 잃고 가장이 된 오리게네스는 -부친의 가
업을 이어- 고등 문학 교사로 일하면서 모친과 남동생 여
섯을 부양했다.[11] 오리게네스는 로마 시민권자인 그리스인
아버지와 비시민권자인 유대인 어머니 사이에서 이집트식
이름을 가지고 '부르케이온'에서 태어나 고등 문학 교사로
성장한 알렉산드리아인이었다.

고등 문학 교사의 아들은 순교자의 아들이기도 했다.

---

9 참고, 『로마 황제 열전: 세베루스』 17.1 (LCL 139, 408); 에우
   세비오스, 『교회사』 6.2.13 (LCL 265, 14.7-17). 당대 유명한
   고등 문학 교사로서 『그리스어 구문론』을 저술한 아폴로니
   오스는 로마·그리스인 구역인 '부르케이온'에 거주했다. 참고,
   David Blank, *Ancient Philosophy and Grammar: The Syntax of
   Apollonius Dyscolus* (Chico: Scholar Press, 1982), 5-6.

10 참고, 히에로니무스, 『서신집』 39.1 (PL 22, 465-466). 참
   고, John McGuckin, "The Life of Origen," *The Westminster
   Handbook to Origen* (Louisville: WJK Press, 2004), 3-4.

11 에우세비오스, 『교회사』 6.2.12-15 (LCL 265, 14.4-16.2).

부친으로부터 성경을 배우기 시작한 오리게네스는 부친을 당황케 할 만한 깊은 질문과 만족게 할 만한 성실한 열심을 가지고 -이미 "또래의 수준을 넘어" 그리고 이내 부친의 수준마저 넘어- 성경의 문자 안에 감추어진 깊은 의미를 탐구해 나갔다.[12] 문법 교사로 일하면서 오리게네스는 학당을 열어 성경을 가르쳤고, 모임 장소였던 그의 집은 지역 주민들로부터 항의와 위협을 받게 될 만큼 그에게 배우려고 몰려든 제자들로 문전성시를 이루었다.[13] 자신의 성경 학당을 향한 이웃들의 소요가 자칫 교회 전체를 향한 핍박으로 확산할 위험을 막고자 오리게네스는 제자들의 집에서 돌아가며 학당을 이어갔다.

신임 총독 아퀼라의 부임 기간 6년[206-211년] 동안 지속된 핍박 끝에 유망한 제자 9명은 순교자가 되었고, 오리게네스는 도리어 일개 학당의 교사에서 알렉산드리아 교회의 예비신자를 대상으로 입교 과정을 지도하는 교사가 되었다.[14] 망명에서 돌아온 주교 데메트리오스는 역시 핍박을

---

12 에우세비오스, 『교회사』 6.2.7 (LCL 265, 12.4-10).

13 에우세비오스, 『교회사』 6.3.5 (LCL 265, 18.1-10).

14 에우세비오스, 『교회사』 6.3.8 (LCL 265, 18.22-29); 6.4.1-

피해 알렉산드리아를 떠나 팔레스티나로 이주한 클레멘스 150-215년를 대신해 순교자의 아들 오리게네스와 그의 학당을 선택했다. [15] 오리게네스는 자신의 수제자 헤라클레스에게

6.5.7 (LCL 265, 24.1-26.24) . 로마 시민권을 지닌 그리스 도교 신자를 상대로 3세기 초에 이루어진 두 차례의 핍박 이 오리게네스를 피해 간 것을 두고 어떤 이들은 그가 시민 권자 그리스인 아버지와 비시민권자 유대인 어머니 사이 에 태어난 혼혈로서 비시민권자였을 것으로 추정한다. 참고, Aline Rousselle, "La persécution des chrétiens à Alexandrie au 3 siècle," *Revue historique de droit français et étranger* 2 (1974), 222-251; John McGuckin, "The Life of Origen," *The Westminster Handbook to Origen* (Louisville: WJK Press, 2004), 3-4.

15 알렉산드리아에는 유력한 선생의 집에서 소수 제자가 모여 문중을 이루는 –제도적 학교라기보다는 학당이 여럿 존재 했다. 그리스도교 전통 안에도 선생에 따라 다양한 학당이 존 재했고, 예를 들어서 영지주의적 성향을 지닌 선생으로는 2 세기 초중반 활동한 바실레이데스와 발렌티노스가 있었다. 『교회사』에서 에우세비오스는 알렉산드리아 교회 주교로부 터 임명받아 입교 교육을 담당했던 지도 교사로 제1대 판타 이노스와 제2대 클레멘스에 이어 오리게네스를 적시한다. 클 레멘스는 판타이노스의 학당에서 공부하려고 알렉산드리 아로 이주한 직계 제자였지만, 오리게네스는 클레멘스의 직 계 제자가 아니었다(참고로, 현존하는 저술에서 오리게네스 는 여러 선생을 언급하는 중에도 클레멘스는 단 한 번도 직 접 언급하지 않는다). 이러한 정황은 일러도 오리게네스와 그 의 학당이 선택받은 3세기 초까지 알렉산드리아 교회의 세 례 교육은 교회 내부 기구가 아닌 외부 학당을 통해 이루어 지는 위탁 교육이었던 정황을, 그리고 아직 중앙 집권화된 제 도권 교회가 등장하지 않은 당시 정황을 시사한다. 주교 데

초등 교육을 일임하고 자신은 중·고등 교육에 전념했다. 그리고 상대적으로 늘어난 시간을 개인 연구에 쏟기 시작했다.[16] 이후 40년의 생애 동안 대략 6,000편에 이르는 방대한 양의 저작물을 남긴 오리게네스를 후대 그리스도교 신자들은 "아다만티오스"라고 부르며 '철인'iron man으로 기

메트리오스는 안수받은 성직자를 중추로 삼는 교권의 제도화 작업을 본격 추진했고, 이집트의 주교 교구를 기존 알렉산드리아 한 곳에서 네 곳으로 늘렸다. 그의 후임 헤라클라스 때부터 알렉산드리아 주교는 '파파[πάπα, pope]'라는 존칭과 함께 주변 지역의 주교들과 구분되어 총대주교로 격상되기 시작했다. 그러나 이 과정에서 알렉산드리아 주교와 학당 선생들 사이 -그리고, 제도 교회와 가정/학당 교회들 사이- 관계는 공존 관계에서 경쟁 관계로, 더 나아가 경쟁 관계에서 (비주류를 향한) 정죄 관계로 변했다. 한때 주교 데메트리오스에게 중용 받았던 선생 클레멘스는 알렉산드리아 그리스도교 전통을 잠식하고 지배하는 반지성주의 정서에 개탄하며 총독 아퀼라의 핍박을 계기로 알렉산드리아를 떠나 팔레스티나로 이주했다. 그로부터 약 20년 후 오리게네스 역시 클레멘스를 뒤따르게 되었다. 참고, John McGuckin, "The Life of Origen," 8-10; Peter Brown, *The Body and Society* (Columbia University Press, 2008), 104-105, 144-145; Ronald Heine, *Origen*, 31-34, 48-64; John Behr, "Introduction," *Origen: On First Principles* (Oxford: Oxford University Press, 2019), xvi.

16 에우세비오스, 『교회사』 6.15.1 (LCL 265, 50.9-22). 당시 그리스식 학제는 (1) 초등 문법/문학, (2) 중등 자연과학/우주학, 그리고 (3) 고등 철학으로 삼분화 되어 있었다. 오리게네스에게 고등 철학은 성경 해석의 결론으로서 신학이었다.

억했다.[17]

해석가와 변증가

철인 오리게네스가 남긴 모든 저술 업적의 최초는
『헥사플라』였다.[18] 212년[28세]부터 오리게네스는 전체 (가
로) 580mm x (세로) 365mm 크기의 2절지마다 왼편부터
(1) 당시 유대교 랍비들이 사용하던 히브리어 구약성경 사
본, (2) 히브리어 본문에 대한 헬라어 음역 사본, (3) 아퀼
라 헬라어 번역 사본[2세기 초], (4) 심마코스 헬라어 번역 사본
[2세기 말], (5) 70인[LXX] 헬라어 번역 사본, 마지막으로 (6) 테오
도로스 헬라어 번역 사본[2세기 말] 순서로 병렬하여 구약성경
'6단'[헥사플라] 평행 본문을 편찬하기 시작했다.[19] 오리게네스

---

17 "아다만티오스", ἀδαμάντιος. 저작 물량을 언급한 사람은 4
세기 살라미스의 주교 에피파니오스(310-403년)였는데, 오
리게네스의 신학과 업적을 깎아내리는 맥락에서 이 정도(?)
언급했다. 참고, 에피파니오스, 『이단총록』 64.63.8 (NHMS
79, 196).

18 '헥사플라', Ἑξαπλᾶ.

19 에우세비오스의 기록에 따르면, 오리게네스는 4단 헬라어
역본만 별도로 배열한 테트라플라』도 편찬하였다(참고, 에
우세비오스, 『교회사』 6.16.4). 『헥사플라』 편찬을 위해 오
리게네스는 팔레스티나 출신 랍비를 아버지로 둔 알렉산드

가 직접 밝힌 『헥사플라』 편찬의 원리와 방식은 그 자체로 편찬의 동기와 목적을 밝혀준다. 오리게네스는 70인역 본문에 없지만 히브리어 본문과 다른 헬라어 본문에 모두 공통으로 존재하는 구절이나 표현은 70인역 본문에 첨가하고 별표[*] 기호로 구분하여 표시했다. 반면, 히브리어 본문에는 없지만 70인역 본문과 다른 헬라어 본문에 모두 공통으로 존재하는 구절이나 표현에는 단검표[†] 기호로 구분 표시했다. 결국 오리게네스는 다른 헬라어 번역 본문을 "잣대" 삼아 70인역 헬라어 본문과 히브리어 본문을 교차 비교했고, 이를 통해 궁극적으로 여러 종류로 난립하고 있던 70인역 헬라어 사본을 하나로 "정립"하고 "보존"하고

리아 거주 유대인으로부터 히브리어를 배웠다(참고, 『교회사』 6.16.1). 게다가, 그리스 니코폴리스와 팔레스티나 예리코를 직접 탐방하여 시편에 관한 5, 6번째 헬라어 번역 사본을 입수하여 『헥사플라』에 추가하기도 했다(참고, 『교회사』 6.16.2). 오리게네스가 해당 시편 본문에 관해 해당 『헥사플라』 하단에 남긴 사본의 입수 경위와 본문 비평은 다음 문헌에서 다루고 있다. Giovanni Mercati, "D'alcuni frammenti esaplari sulla Va e VIa edizione greca della Bibbia," *Studi e Testi* (1901), 28-46; Paul Kahle, *The Cairo Geniza* (Oxford University Press, 1947), 161-162. 『헥사플라』에 관한 자세한 개요를 알고 싶다면 다음 문헌을 참고하라. Grafton-Williams, *Christianity and the Transformation of the Book* (Belknap Press, 2008), 86-132.

자 했다.[20] 『헥사플라』는 오리게네스가 알렉산드리아에서 훈련받은 문헌 학자임을 증명하는 동시에 앞으로 성경을 주요 연구 문헌으로 삼아 본문 분석과 비평 분석을 수행할 그리스도교 문헌 학자임을 선언하는 기념비였다.[21]

오리게네스는 219년[34]세부터 「창세기」와 「시편」에 대한 성경 주석을 저술하면서 성경 문헌 학자로서 경력을 시작했다. 두 책은 세계의 기원에 관해 알렉산드리아의 영지주의 전통과 그리스도교 전통 사이에 벌어진 논쟁의 공론장이었다.[22] 성경 주석은 변증과 논박의 도구였기에 오리

---

20 오리게네스, 『마태복음 주석』 15.14 (GCS 40, 388.12-30) 참고, Peter Martens, *Origen and Scripture: The Contours of the Exegetical Life* (Oxford: Oxford University Press, 2012), 43-47.

21 오리게네스가 『헥사플라』 제작에 착수한 시기는 첫 로마 방문에서 돌아온 직후였다. 로마 교회의 장로이자 성경 해석과 이단 반박에 관한 저술로 당시 명성이 높았던 히폴리투스는 전도유망한 청년 오리게네스에게 성경 연구에 전념하도록 권면했고, 그의 저작과 권유에 자극받아서 오리게네스는 철학보다 성경 연구에 전념하기로 결심했다. 참고, 에우세비오스, 『교회사』 6.14.10-11 (LCL 265, 49-51); 6.22.1-23.1 (LCL 265, 69).

22 참고, Colin Roberts, *Manuscript, Society and Belief in Early Christian Egypt* (London: Published for the British Academy by the Oxford University Press, 1979), 61.

게네스 역시-모든 본문에 대한 주석과 해석을 순차대로 다루지 않고-선택적 본문에 대한 주석과 해석을 통해 당면한 주요 신학 사상적 질문에 대답해 나가는 형식을 따랐다. 그러한 맥락에서 오리게네스가 『창세기 주석』 및 『시편 주석』과 더불어 착수한 또 다른 주석은 영지주의 발렌티노스파에 속한 헤라클레온이 앞서 내놓은 복음서 주석에 대응하는 차원에서 편찬하기 시작한 『요한복음 주석』이었다.[23]

34세[219년]부터 시작한 『요한복음 주석』 편찬 작업은 64세[249년]까지 반평생 이어졌다. 47세[232년]부터 이민 정착한 팔레스티나 카이사레아에서 오리게네스는 알렉산드리아에서 논쟁했던 영지주의자들과 다른 상대 곧 랍비파 유대교주의자들을 마주했다. 시간이 지남에 따라 발렌티노스파 헤라클레온에 대한 언급도 점차 주석에서 사라져갔고, 주석의 초점도 그리스도의 완전한 신성에 대한 변증으로부터 구원 역사에서 교회와 회당 사이 관계에 대한 -아브라함의 영적 자손과 육적 자손 사이 관계에 대한- 연구로 자

---

23 참고, 오리게네스, 『요한복음 주석』 1.21-22 (GCS 10, 7.28-8.14); Elaine Pagels, *The Johannine Gospel in Gnostic Exegesis: Heracleon's Commentary on John* (New York: Abingdon, 1973), 16.

연스레 바뀌었다.[24] 오리게네스가『요한복음 주석』저술 작업을 제32권에서 멈춘 건 완결했기 때문이 아니라 중단되었기 때문이었다.[25] 로마 황제 데키우스의 치세기 원년 249년64세부터 그리스도교들을 대상으로 로마 제국 전역에서 일어난 최초의 대규모 핍박 아래 '순교자'의 아들은 큰 옥고를 치렀고, 석방 후 후유증으로 신음하다 254년[69]세 '고백자'로 삶을 마쳤다.[26] 알렉산드리아에서부터 카이사레아에서까지 반평생 저술한『요한복음 주석』은 오리게네스의 자화상이었고, 자화상 속 오리게네스는 변증적 성경 해석가였다.[27]

---

24 알렉산드리아에서 저술 완료한 주석 제1-5권에서 오리게네스는「요한복음」1장 16-18절까지 복음서의 서론 부분만을 집중적으로 다루었다. 오리게네스가 논박한 주요 주제는 성부만이 유일한 하나님이라고 주장한 헤라클레온의 '군주적 유일신론'이었다. 그리스도론에 이어 오리게네스가 논박한 다른 주요 주제는 구원에 대한 운명적 결정론이었다(참고, 오리게네스,『요한복음 주석』2.100-104, 137-139). 헤라클레온에 대한 언급은 주석 제19권부터 사라지기 시작하여 마지막 제32권까지 자취를 완전히 감춘다(참고, Ronald Heine, *Origen*, 191).

25 마지막 주석 본문은「요한복음」13장 36절이었다.

26 참고, 에우세비오스,『교회사』6.39.1-5 (LCL 265, 92.20-94.27).

27 「요한복음」은 오리게네스가 성경에서 가장 중요하게 여긴

성경 주석이 변증적 '성경 해석가'로서 오리게네스의 면모를 조명해 준다면, 『원리론』과 『켈수스 논박』은 성경 해석적 '변증가'로서 면모를 조명해 준다. 두 저작은 각각 알렉산드리아와 카이사레아에서 삶을 마무리하는 시점에서 등장한, 오리게네스 사상의 완숙점이자 변곡점을 짚어주는 저작이었다. 알렉산드리아를 떠나기 직전 231년 전후로 완성한 『원리론』은 그리스도교 사상에 대해 포괄적으로 해설하기보다는 제기된 문제에 대해 "명확한 경계선"을 긋고 "명백한 원칙"을 세울 목적으로 작성되었다는 관점에서 조직 신학서가 아닌 변증 신학서였다.[28] 논쟁의 여지가 없는 기본 원리에서 시작해서 현안에 관한 타당한 논결에 이르는 『원리론』의 전체 구성과 흐름은 오리게네스가 당시 지중해권 사상가들이 -심지어 유일한 무신론주의 성향의 에피쿠로스 사상가들까지도- 보편적으로 사용했던 아리스토텔레스식 논증법을 따랐음을 보여준다.[29] 달리 말하면

책이었다. 참고, 오리게네스, 『요한복음 주석』 1.21-22 (GCS 10, 7.28-8.14).

28 오리게네스, 『원리론』 1.서론.2 (Behr, 5-6).

29 참고, John Behr, "Introduction," *Origen: On First Principles*, xlvi-xlvii. 오리게네스는 『원리론』을 집필하기 약 15-16년 전

오리게네스의 변증 상대는 지중해권 사상가들이었고, 보다 구체적으로 알렉산드리아의 영지주의 사상가들이었다.

『원리론』에서 오리게네스가 추가로 밝힌 변증 상대는 "마음이 강퍅하고 무지한 할례파"라고 부른 유대교주의자들과 더불어서 "단순하게 믿는" 알렉산드리아 교회의 신자들이었다.[30] 특히, 단순한 신자 무리와 그들로부터 지지받고 있던 주교 드리트리오스는 오리게네스가 막 시작한 『요한복음 주석』제6권의 편찬을 중단하고 긴급히 『원리론』을 저술했어야 할 단초를 제공한 장본인들이었다.[31] 이들에게 떠밀려 결국 알렉산드리아를 떠나야 했던 오리게네스는

부터(즉, 30대 초부터) 영지주의자들을 상대로 저술한 『부활론』, 『선집』, 『속성론』 등을 시작으로 30대 중반부터 편찬하기 시작한 『요한복음 주석』, 『창세기 주석』, 『시편 주석』을 통해 『원리론』에 담길 주제를 선행 연구했다. 그런 점에서 『원리론』은 알렉산드리아에서 시도한 변증적 신학 연구를 집약, 정리한 결과물이었다.

30 오리게네스, 『원리론』 4.2.1 (Behr, 246-248).

31 『원리론』 저술을 위해 중단한 또 다른 주석은 『창세기 주석』이었다. 참고, Pierre Nautin, *Origène: sa vie et son oeuvre* (Paris: Beauchesne, 1977), 370-371, 423-425. 클레멘스는 알렉산드리아 교회를 지배하는 반지성주의 정서에 개탄하며 총독 아퀼라의 핍박을 계기로 알렉산드리아를 떠나 돌아오지 않았다. 오리게네스 역시 클레멘스의 뒤를 따르게 되었다. 참고, John McGuckin, "The Life of Origen," 10.

팔레스티나 카이사레아에서 편찬 재개한『요한복음 주석』
제6권의 서문에서『원리론』의 저술 동기가 자기 변증이었
음을 이렇게 고백했다.

> 그때 당시 원수가 복음에 대적하는 새로운 글을 써서 우리
> 를 숨쉬기 힘들게 압박했고, 더 나아가 이집트 전역에 광풍
> 을 일으켜 우리를 몰아내려 했습니다. 원수의 악한 생각이
> 내 영혼에 폭풍을 불러일으킬 수 없도록 맞서 싸우며 내가
> 옳다고 믿는 기본 원리를 지키자는 생각이 들었습니다.[32]

영지주의자부터 유대교주의자 그리고 일부 신자들까
지, 오리게네스가 보기에 서로 다른 이들 세 무리에게서
발견되는 유일한 공통점은 "성경을 영적으로 이해하지 않
고 문자적으로만 해석하는" 자세였다.[33] 이들이 하나님에

---

32 오리게네스,『요한복음 주석』6.9 (GCS 10, 107.29-108.2).
여기서 "우리"는 오리게네스 자신을 포함해 그의 저술을 돕
도록 후견인 암브로시오스가 고용해 준 속기사와 필사가 무
리를 가리킨다. 카이사레아로 급히 떠난 오리게네스는 이들
이 마저 도착하기를 기다렸다가 주석 작업을 재개할 수 있었
다. 참고,『요한복음 주석』6.11-12 (GCS 10, 1086-18).

33 오리게네스,『원리론』4.2.2 (Behr, 248-249). 단순하게 성경
을 해석하는 신자들이 잘못 믿었던 신념은 주로 몸에 관한
것이었다. 오리게네스가 언급한 예시에 따르면, 이들은 창조
주 하나님에 관한 성경의 의인화된 표현으로부터 하나님께

관해 "그릇된 교리를 믿고 무례하든지 아니면 무지한 주장을 펼치는" 공통 원인이 그릇된 성경 해석 때문이라고 진단한 오리게네스는 『원리론』의 마지막 제4권을 올바른 성경 해석법을 설파하는데 오롯이 할애한다. 오리게네스가 『원리론』에서 바로 잡으려 한 최종 현안이자 최고 현안은 다름 아닌 '성경 해석'이었다. 앞서 다른 하위 현안들을 다룬 방식과 마찬가지로 오리게네스는 제4권에서도 아리스토텔레스의 논증법을 따라 먼저 '성경은 무엇인가?'라는 원리를 확인하고 난 뒤에 '성경은 어떻게 해석하는가?'라는 현안을 뒤이어 다룬다.[34] 이러한 변증 방식은 본문을 먼저 확립하고 난 뒤에 본문과 관련된 현안을 세부 연구하는 알렉산드리아 문헌 전통의 주석 방식과 닮았다. 오리게네스

서 몸을 지니고 있다고 믿었다(참고, 『원리론』 1.1.1). 또한, "누구든지 그리스도 안에 있으면 새로운 피조물이라."(고후 5:17)는 말씀으로부터 신자들의 몸이 이미 부활에 이른 영적 몸이라 믿으면서(참고, 딤후 2:18), "혈과 육은 하나님 나라를 이어 받을 수 없다."(고전 15:50)는 말씀에 근거해 부활의 몸이 여전히 죄를 범할 가능성과 하나님 나라에 들어가지 못할 가능성을 지니고 있다고 보았다(참고, 『원리론』 2.10.3).

34 『원리론』의 전체 구성은 다음과 같다. (A1) 서론, 신학 원리; (B1) 제1-3권, 신학 현안; (A2) 제4권 1장, 성경 해석 원리 '성경은 무엇인가?'; (B2) 제4권 나머지, 성경 해석법 '성경은 어떻게 해석하는가?'.

는 알렉산드리아 출신의 변증적 성경 해석가이자 해석적
변증가였다.

성경, 그리스도교의 텍스트 상징

『원리론』제4권의 도입부에서 오리게네스는 성경을 하
나님의 말씀 또는 "신탁"으로서, 예수 그리스도의 출현을
예언한 구약과 이 땅에 출현한 예수 그리스도의 가르침과
예언을 담은 신약이라고 밝힌다.[35] 구약은 "질그릇" 같이
"저급하고 단순한" 문자로 쓰여졌지만,^{참고, 고후 4:7} 그 안에 예
수 그리스도의 초림과 함께 드러날 "보배로운 진리"를 감
추고 있다.[36] 구약보다 밝은 신약 역시 예수 그리스도의 재
림과 함께 그 "그림자"가 마저 벗겨질 것이다.[37] 오리게네
스에게 성경은 예수 그리스도의 초림과 재림에 대한 하나
님의 계시였다. 예수 그리스도의 출현에 따라서 점진적으
로 드러나는 신적 계시를 숨기고 있는 성경 문자의 본질을

---

35 오리게네스,『원리론』 4.1.1-2 (Behr, 233-236).
36 오리게네스,『원리론』 4.1.6-7 (Behr, 241-245).
37 오리게네스,『원리론』 4.3.13 (Behr, 281).

부각하려는 의도로 오리게네스는 "비밀"과 "묵시" 같은 용어들을 사용하는데, 이들은 지중해 사상가들이 "모형"이나 "그림자"와 더불어 텍스트 상징의 본질을 논할 때 사용하는 전문 용어였다.[38] 오리게네스에게 성경은 예수 그리스도에 관한 비밀로 가득한 텍스트 상징이었다.

'상징' 그리고 '비밀'과 더불어 상징의 시대를 주도한 삼대 용어는 '비유'였고, 『원리론』에서 이 용어는 오리게네스가 본격적으로 성경 해석에 대해 논하는 맥락에서 등장한다.

성경 해석가는 문자만 읽어서는 [예수 그리스도에 관해 무엇을 가르치는지] 이해하기 힘든 본문이라 할지라도 그 속에 담긴 참 의미를 파악하려고 노력해야 합니다. 그러려면 문자만 읽어서는 이해하기 힘든 본문을 문자로도 이해할 수 있을 뿐만 아니라 구원역사의 흐름과도 자연스럽게 어울리는 다른 여러 본문과 합당하게 연결해야 합니다. 아직 일어나지 않은 영적인 일들과 짝맞춰서 '비유'적으로 해석해야 합니다.[39]

이어지는 맥락에서 오리게네스는 앞서 말한 "참 의미"

---

38 오리게네스, 『원리론』 4.2.3 (Behr, 250-251).
39 오리게네스, 『원리론』 4.3.5 (Behr, 270).

가 일차적으로 예수 그리스도와 관련된, 그리고 이차적으로 우리의 구원과 관련된 "영적 의미"라고 명시한다. 그러고 나서 성경이 하나님의 영으로 주어진 계시이므로 모든 본문마다 영적 의미를 비밀스럽게 숨기고 있다며 성경의 원리론을 재확인한다. 원리론적 관점에서 성경이 모든 본문마다 영적 의미를 숨기고 있다면, 방법론적 관점에서 성경 해석은 영적 의미를 발견하기 어려운 본문을 상대적으로 쉬운 다른 본문들과 나란히 연결하는 방법을 통해 숨겨진 영적 의미를 찾아내는 행위이다.[40] 원리론적 관점에서 성경이 신성한 텍스트 상징이라면, 방법론적 관점에서 성경 해석은 그 자체로 의도와 용도를 알기 힘든 말씀 조각을 다른 말씀 조각들과 비교하고 병치함으로써 전체 속에서 밝히는 행위이다. 오리게네스에게 '비유적 해석'알레고리아은 상징 행위였다.

40대 중년의 오리게네스가 알렉산드리아를 떠나기 직전『원리론』을 통해 정립한 성경의 원리론과 성경 해석의 방법론은 60대 노년의 그가 팔레스티타 카이사레아에서

---

40   오리게네스, 『원리론』 4.3.5 (Behr, 270).

내놓은 『켈수스 논박』에서도 나란히 짝지어 나타난다. 이 말기작에서 오리게네스는 '켈수스'라는 이름의 중기 플라톤 사상가가 170년대에 내놓은 『진리론』을 논박한다.[41] 지중해 세계에서 처음으로 초기 그리스도교를 주요 연구 대상으로 삼아 비판을 시도한 기념비적 작품에서 저자 켈수스는 지중해 문명인의 보편적 세계관에서 벗어나 유일신론을 표방하는 양대 전통, 유대교와 그리스도교를 비교했다. 그리고 그 끝에 번번이 유대교의 손을 들어주었다. 판정의 기본 근거는 1세기 초 십자가에서 사망한 죄수 예수를 신으로 추종하는 그리스도교에 비하면 그나마 유대교의 역

---

41 오리게네스는 제자이자 후견자 암브로시오스의 요청으로
    『켈수스 논박』을 저술하게 되었다(참고, 오리게네스, 『켈수스 논박』 서론.1.3). 애당초 오리게네스는 그리스도교 신앙과 신자에 대해 모함하는 자들을 상대하는 최고의 변증은 조롱하는 원수들 앞에서 끝까지 침묵하셨던 예수 그리스도의 본을 따르는 방법이라고 여겼고(참고, 『켈수스 논박』 서론.1), 그런 이유로 암브로시오스의 요청을 몇 차례 거절했다(참고, 『켈수스 논박』 서론.2). 하지만 암브로시오스의 끈질긴 요청에 못 이긴 나머지 결국 저술하게 되었는데(참고, 『켈수스 논박』 서론.3), 특별히 그리스도교 신앙에 대해 전혀 모르는 자들과 신앙의 초보자들을 염두에 두고 저술했다(참고, 『켈수스 논박』 서론.6). 참고, Henry Chadwick, "Introduction," *Contra Celsum* (Cambridge: Cambridge University Press, 1980), ix-xxxii; Ronald Heine, *Origen*, 219-221.

사는 비교할 수 없이 오래되었다는, 다름 아닌 기원의 역사적 유구성 여부였다. 기원론과 관련해서 그가 유대교의 손을 들어준 결정적 근거는 그리스도교가 유대교에서 분리되어 나와 모체母體 전통을 변질시켰다는 이유였다.[42]

기원론적 근거를 극대화하려는 목적으로 켈수스는 무명의 유대교주의자 한 사람을 증인으로 내세워 그리스도교의 교리를 대신 비판하게 함으로써, 그리스도교가 유대교의 아류 혹은 이단이라는 자기주장을 내세웠다.[43] 하지만 켈수스에게는 그리스도교를 공격할 최후의 무기가 남아 있었고, 그 무기는 유대교의 기원 자체에 대한 폄하였다. 유대교마저 이집트에서 분리되어 나온 아류 전통이라

---

42 켈수스, 『진리론』 2 (Hoffman, 55-60).

43 켈수스가 전략적으로 끌어들인 유대교주의자의 증언은 『진리론』보다 앞서 150년대에 알렉산드리아에서 작성된(것으로 추정되는) 문헌을 출처로 삼는다. 참고, Maren Niehoff, "A Jewish Critique of Christianity from Second-Century Alexandria," *Journal of Early Christian Studies* 21.2 (2013), 154-159. 이 유대교주의자 역시 켈수스와 마찬가지로 그리스도교의 기원을 가장 먼저 그리고 가장 중요한 문제 거리로 파고든다. 그의 시선에 종파의 기원자인 예수는 출생 논란부터 십자가 죽음까지 일생 전체가 조상들의 전통을 떠나 하나님으로부터 버림받은 이단자였다. 참고, 켈수스, 『진리론』 2 (Hoffman, 60).

고 깎아내림으로써 켈수스는 그런 유대교에서 기원한 그리스도교 전통을 지중해 문명 세계에서 가장 열등한 미신 집단으로 전락시켜 버렸다.[44]

『켈수스 논박』의 전체 구성과 흐름은 『진리론』을 차례차례 인용하면서 켈수스를 조목조목 논박하는 오리게네스의 대응 전략을 그대로 반영한다.[45] 전반부 제1-2권은 그리스도교 전통에 가한 유대교주의자의 비판에 대한 논박을, 후반부 제3-8권은 유대교 전통과 그리스도교 전통에 가한 켈수스의 비판에 대한 논박을 담고 있다. 제2권에서 오리게네스는 무명의 유대교주의자를-또한, 그의 뒤에 숨어있는 켈수스를-상대로 다음과 같이 그리스도교 기원의 결정적 비밀을 밝힌다. 그것은 다름 아닌 구별된 성경 해석이었다.

---

44 켈수스, 『진리론』 5 (Hoffman, 79-80). 참고, 곽계일, "초기 그리스도교 형성 과정에 나타난 자신학화: 알렉산드리아 그리스도교 전통의 기원과 형성, 1-4세기," 『교회 역사 속에 나타난 자신학화』 (서울: 한국선교연구원, 2023), 108-121.

45 『진리론』의 원문 약 70%를 인용, 보존하고 있다. 참고, Joseph Hoffman, "Introduction," *Celsus on the True Doctrine* (Oxford: Oxford University Press, 1987), 33-45.

모세의 율법과 선지자들의 글로부터 그리스도교 신앙이 기원한 것은 사실입니다. 하지만 초기 그리스도교 신자들은 구약 성경에 대한 주해와 해석을 바탕으로 다음 단계로 나아갔습니다. 그들은 하나님으로부터 받은 계시에 비추어서 하나님의 경륜을 이해하게 되었는데, 그 경륜은 영원한 시간 속에 침묵으로 감추어져 있다가 먼저는 선지자들을 통해 그리고 지금은 주 예수 그리스도의 출현을 통해 드러났습니다.[46]

오리게네스의 변증에 따르면, 그리스도교는 유대교 전통으로부터 받은 유산인 구약 성경에 대한 구별된 "주해와 해석"을 동력 삼아 점차 "다음 단계"로 나아가면서 구별된 전통으로 발전했다. 구약 성경이 예언한 예수 그리스도의 "초림"이야말로 구약 성경에 대한 구별된 (재)해석의 시작이었다. 오리게네스는 예수 그리스도를 구약 성경의 성취일 뿐만 아니라 더 나아가 새로운 해석의 기원자로까지 소개한다.

---

46 오리게네스, 『켈수스 논박』 2.4 (SC 132, 288.8-290.18). 제3권에서 오리게네스는 성경 해석이야말로 그리스도교 전통 안에서도 "여러 분파가 발생하기 시작한 원인"이라고 못 박는다. 오리게네스, 『켈수스 논박』 3.12 (SC 136, 36.21-23).

사도들은 모세 율법을 문자적으로 해석하는 전통에서 자란 유대인들이었습니다. 그래서 예수 그리스도는 참 율법이 무엇인지, 율법에서 정한 제사가 어떤 천상의 실체를 가리키는 '양식'이고 '그림자'인지, 그리고 번제와 전제와 명절과 초하루와 안식일에 관한 율법이 장차 이루어질 어떤 좋은 실체에 대한 '그림자'인지에 관해 사도들에게 가르쳐야 했습니다.[47]

구약 성경의 본질을 설명할 때 오리게네스가 사용한 용어 '양식'과 '그림자'는 17년여 전 알렉산드리아에서 지은 『원리론』에서도 그리고 당시 지중해 사상가들의 글에서도 자주 '상징'과 혼용되는 유사어였다.[48] 오리게네스는 곧이어 구약 성경은 "영적 의미를 찾을 때 사용하는 주석과 주해법" 즉 비유적 해석법알레고리아을 적용해야 하는 텍스트라고 밝힌다.[49] 그런 텍스트라면 다름 아닌 상징 텍스트였다. 플라톤 전통의 사상가 켈수스를 상대로 논박하는 제

---

47   오리게네스, 『켈수스 논박』 2.2 (SC 132, 282.12-18).

48   그 외 상징의 유사 용어로는 '모형'(『켈수스 논박』 2.2), '형상'(『켈수스 논박』 3.40), '암호' (『켈수스 논박』 6.31), 그리고 '묵시'와 '비밀'(『켈수스 논박』 7.10) 등이 있다.

49   오리게네스, 『켈수스 논박』 2.2 (SC 132, 284.33-34).

3-8권에서 오리게네스는 구약·신약 성경의 원리적 본질을 설명할 때 비로소 다른 유사어 자리에 '상징'이란 용어를 적극 사용한다.[50] 그에게 성경은 "셀 수 없이 많은 상징"의 원천이었다.[51]

영적 의미를 찾을 때 사용하는 비유적 해석법에 관해 앞서 『원리론』에서 제4권 전체를 할애하여 자세히 설명한 바를 『켈수스 논박』 제7권에서 오리게네스는 난해한 본문을 "성경 전체와 한 몸"으로 연결하는 작업이라며 간단히 정리한다.[52] 제7권의 문맥에서 오리게네스가 강조하고 싶어 한 것은 이미 널리 알려진 방법 자체가 아닌, 방법을 제대로 활용할 수 있는 해석자의 자세와 자질이었다. 진리를 얻으려는 자는 텍스트 상징으로부터 영적 의미를 발견할 때까지 본문과 본문을 연결하는 "고된 노동을 마다하지 않고 어떤 수고도 감수"해야 한다. 하지만 모든 노력이 헛수고가 되지 않게 하려면 그리스도께서 "붙잡아" 인도하

---

50 예를 들어서, 오리게네스, 『켈수스 논박』 4.22, 5.44, 5.49, 8.57.

51 오리게네스, 『켈수스 논박』 4.31 (SC 136, 262.47-48).

52 오리게네스, 『켈수스 논박』 7.11 (SC 150, 40.17-18).

는 대로 따르는 태도가 무엇보다 중요하다.[53] 성공적인 비유 해석의 열쇠는 주어진 본문과 다른 본문을 연결하는 방법 자체에 대한 지식이 아니었다. 그것은 주어진 본문을 어떤 본문 옆에 붙여 연결해야 할지 아는 지식, 다름 아니라 성경의 각 부분이 가리키는 목적이자 따라서 성경 전체를 "한 몸"으로 이어주는 머리 된 그리스도를 아는 지혜였다. 기록된 성경이 하나님의 '로고스' 말씀과 "연결된 완전체"라면, 성경 해석자는 다름 아니라 '로고스'가 성육한 그리스도를 머리로 삼는 몸 된 교회였다.[54] 성경과 해석자는 예수 그리스도를 향해 걸어가는 여정의 동반자였다.

성경, 해석자, 그리고 세계

『원리론』제4권에서도 오리게네스는 성경의 삼중 의미가 육·혼·영으로 이루어진 해석자의 전인적 구원을 돕는다면서참고, 살전 5:23 성경과 해석자 사이 친밀한 동반 관계를 강

---

53 오리게네스, 『켈수스 논박』 7.10 (SC 150, 38.20-25).
54 "연결된 완전체", 오리게네스, 『켈수스 논박』 7.10 (SC 150, 40.17-18).

조했다.[55] 오리게네스에게 성경의 육적 의미는 구원의 역사로부터 교훈을 얻도록 돕고, 혼적 의미는 그리스도를 닮아가는 성화를 도우며, 영적 의미는 그리스도를 통해 하나님과 연합에 이르도록 돕는다.[56] 오리게네스는 육, 혼, 영의 순서대로 삼중 의미를 밝히기보다는 본문과 청중과 의도에 따라 맥락마다 필요한 의미를 필요한 순서대로 밝히곤 했다. 예를 들어, 「창세기」 22장 강론에서 오리게네스는 아들 이삭을 번제로 바쳤다가 돌려받은 아브라함에 관한 육적 의미와 독생자 예수를 십자가에서 희생시킨 하나님에 관한 영적 의미를 비교한 뒤에 결론으로 신자가 자기 영혼을 어떻게 하나님께 산 제물로 드려야 하는지에 관한 혼적 의미를 제시했다.[57] 대부분의 경우에 육적 의미나

---

55 참고, 오리게네스, 『원리론』 4.2.4 (Behr, 252-253): "해석자는 성경의 삼중 의미를 자기 혼에 새겨야 한다… 하나님께서 사람을 육과 혼과 영으로 지으셨듯이, 사람의 구원을 위해 예비하신 성경 역시 사람과 같은 방식으로 지으셨기 때문이다."

56 참고, 오리게네스, 『원리론』 4.2.4 (Behr, 253). 오리게네스의 삼중(혹은, 삼분) 인간론에서 '육'이 피조물과 소통하고 '영'이 창조주와 소통하는 접점이라면, '혼'은 소통의 주체로서 인간됨의 본질이다. 참고, 오리게네스, 『원리론』 1.3.8; 1.7.4; 2.6.3; 2.8.2; 3.4.2; Panayiotis Tzamalikos, *Origen: Philosophy of History & Eschatology* (Leiden: Brill, 2007), 53-56.

57 오리게네스, 『창세기 강론』 8.10 (GCS 29, 85.7-15).

혼적 의미를-때로는, 두 의미 모두-생략하기도 하지만, 두
의미의 지향 점인 영적 의미는 언제나 밝힌다는 점에서 생
략된 의미는 밝히지 않았을 뿐이지 언제나 그의 해석적 사
고 과정 안에 내재했다.[58] 오리게네스는 성경과 해석자 사
이 동행 관계를 교회론까지 확대 적용했다. 성경의 육적
의미는 교회 안에 단순하게 믿는 신자들을, 혼적 의미는
그보다 더 믿음의 진보를 이룬 신자들을, 그리고 영적 의
미는 온전한 신자들을 세워주되, 모두 교회의 머리 되신
그리스도를 향해 세워준다.[59]

성경과 해석자 외에 '로고스' 그리스도로 말미암아 창조
되었고 통일될 또 다른 실체는 우주 "만물"이다. 참고 엡 1:10 성
경 안에는 세계에 대한 비밀이 숨겨져 있고, 성경의 삼중
의미는 물리계, 천체계 그리고 천상계의 비밀을 드러낸다.
성경 해석을 통해 드러난 세계의 비밀은 하나님이 계신 가
장 높은 하늘로 올라가는 길이 되고, '로고스' 그리스도는
그 길을 따라 하나님의 존전을 향해 제자들을 인도한다.

---

58 참고, Elizabeth Dively-Lauro, *The Soul and Spirit of Scripture
   Within Origen's Exegesis* (Boston: Brill Academic Publishers,
   2005), 37-130.

59 참고, 오리게네스, 『원리론』 4.2.6 (Behr, 255-258).

예수 그리스도의 제자들은 가시적 세계에서 본 것을 디 딤돌 삼아 비가시적 세계의 본질을 이해합니다. 하지만 거기서 멈추지 않습니다. 비가시적 세계를 충분히 파악 하고 이해한 후에는 마침내 하나님의 영원한 능력 안으 로, 즉 신성한 세계로 올라갑니다.[60]

알렉산드리아 시절부터 카이사레아 시절까지 변함없 이, 오리게네스에게 성경은 인간의 구원을 위해 예비하고 보내주신 하나님의 상징이었다. 성경이 교회에 속한 상 징 조각이라면, '로고스'는 하나님에게 속한 상징 조각이었 다. 성경 해석은 주어진 본문을 성경 전체와 그다음 성경 전체를 '로고스'와 비교하여 하나로 맞붙이는 상징 행위였 다. 예수 그리스도를 뒤따라 변화산에 오른 제자들처럼[참고. 마 17:1-8] 해석자는 상징 행위로서 성경 해석을 통해 가시계에 서 비가시계를 거쳐 마침내 신성계에 도달할 수 있다. 이 상징 드라마의 끝에 해석자가 보게 될 광경을 오리게네스 는 변화산 꼭대기에서 제자들이 본 광경에 빗대어 다음과 같이 묘사한다.

---

60 오리게네스, 『켈수스 논박』 7.46 (SC 150, 124.34-126.42).

변화산에 올라간 세 명의 사도는 구름 속에서 아들에 대
해 증거하시는 하나님의 음성을 듣고 그 음성에 실린 하
나님의 영광과 권능을 감당치 못하고 "엎드려" 하나님
께 간구했습니다. 그들은 눈 앞에 펼쳐진 초현실적 광경
과 거기서 들려오는 음성 때문에 크게 두려워할 수밖에
없었습니다. … 그러다 하나님의 '로고스'가 그들에게 손
을 대자 그제야 사도들은 눈을 들어 보았고, 그들 눈에
는 오직 예수 외에는 아무도 보이지 않았습니다. 모세
즉 '율법서'와 엘리야 즉 '선지서'는 예수 그리스도의 복
음과 하나가 되었습니다. 이전에는 셋이 마주 서 있었는
데 이제는 더 이상 셋이 아니라 하나가 되었습니다.[61]

모든 성경이 '로고스' 그리스도와 하나 될 때 마침내 해
석자는 구름 같은 하나님의 임재 안으로 들어간다. 그리고
해석자는 그리스도를 힘입어 창조주 하나님 앞에 엎드려
경배한다. 오리게네스가 펼쳐놓은 성경 해석이라는 상징
드라마의 결말은 하나님과 해석자 사이에 이루어지는 영
광스러운 연합이었다.

---

61   오리게네스, 『마태복음 주석』 12.43 (GCS 40, 168.4-12).

3장. 성경해석,
그리스도교의 상징 드라마

3장. 성경 해석, 그리스도교의 상징 드라마

오리게네스는 『요한복음 주석』 제6권의 편찬을 229년[44세]에 시작하자마자 중단했다가 232년[47세]이 되어서야 재개할 수밖에 없었던 사정을 암브로시오스라는 인물에게 해명했다. 암브로시오스는 로마령 비티니아 속주의 니코메디아에서 태어나 알렉산드리아에서 오리게네스를 만난 유학생이었다. 영지주의 발렌티노스파 학당에서 공부 중이던 암브로시오스는 212-213년 27-28세 당시 '헥사플라'를 제작하며 본격적으로 성경 연구를 준비하던 오리게네스를 만났

고, 이후로 평생 제자이자 후견인으로 그의 곁을 지켰다.[1]
에우세비오스의 기록에 따르면, 암브로시오스는 7인의 속
기사와 7인의 필사가 그리고 몇 명의 서체 기술자를 오리
게네스에게 붙여주며 연구와 저술에 필요한 모든 재료와
경비를 대주었다.[2] 244년 59세에 로마 주교 파비아누스에
게 보내는 서신에서 오리게네스는 암브로시오스를 또한
자신의 연구 보조자이자 출판 편집인 성격으로 소개했다.

> 하나님께 온전히 헌신하는 신자 암브로시오스도 함께
> 인사합니다. … 저와 암브로시오스는 토론 없이 식사하
> 지 않으며, 식사 후에야 산책하면서 잠깐 쉬는 시간을
> 갖습니다. 하지만 그때마저도 성경 연구를 주제로 토론
> 하면서 연구를 다듬어 갑니다. 밤늦도록 토론하기 일쑤
> 여서 수면이 충분치 않아 건강을 제대로 챙기지 못하는
> 편입니다. 9시(오늘날 대략 오전 1시 30분)까지 작업하는 건 다반사
> 고, 10시(대략 오전 2시)까지 작업할 때도 있습니다. 시간을 이
> 토록 쏟을 만큼 저희는 성경 읽기와 연구를 지극히 사랑

---

1 에우세비오스, 『교회사』 6.18, 6.23.

2 에우세비오스, 『교회사』 6.23.1-2. 고대 작가와 후견인 제
   도 그리고 문방구와 필사가 문화에 관해 알고 싶다면 다
   음 문헌을 참고하라. Grafton-William, *Christianity and the
   Transformation of the Book* (Belknap, 2006), 22-85.

하는 사람들입니다.[3]

출판 후견인이자 편집인으로서 암브로시오스가 오리게네스에게 의뢰한 초기 저작 중 가장 의욕을 보인 -그래서, 어쩌면 가장 먼저 착수한- 저작은『요한복음 주석』이었다.[4] 발레티노스파 헤라클레온이 편찬한 주석에 대해 논박 성격을 지닌 이 복음서 주석이 두 사람 사이에 차지하는 의미는 오리게네스가 제6권의 서문을 빌어 주석 편찬 작업이 3년이나 지체될 수밖에 없었던 사정을 당시 고향 니코메디아에 머물고 있던 암브로시오스에게 자세히 밝힌 대목에서 묻어난다. 오리게네스는 그동안 알렉산드리아에서 겪은 자신의 처지를 갈릴리 바다에서 큰 폭풍을 만난 제자들에 비교했고, 주께서 폭풍을 꾸짖어 잠잠케 하심으로 제자들이 경험한 평온이 마침내 자신에게도 찾아왔다며 새로

---

3 Pierre Nautin, *Patristica II: Lettres et écrivains chrétiens des IIe et IIIe siècles* (Paris: Editions du Cerf, 1961), 250-253.

4 참고, 오리게네스, 『요한복음 주석』 1.21-22 (GCS 10, 7.28-8.14). 반면, 『원리론』 어디에도 암브로시오스의 이름이 언급되지 않는 점을 참고하면 이 신학적 변증서는 암브로시오스의 의뢰가 아니라 오리게네스가 자신의 (그만큼 시급한) 필요와 판단으로 단독 착수한 저작으로 추정할 수 있다.

운 정착지 카이사레아에서 맞는 현재 상황을 전했다.[5]

오리게네스가 인생의 중대 전환기를 돌아보며 그 의미를 반추하고자 신약 복음서 사건에 이어 비교하고 연결한 구약 성경은 출애굽 사건이었다. 오리게네스는 "제6권을 저술하기 시작한 지 얼마 안 되어서 자기 백성을 이집트^{애굽}에서 인도해 내셨던 하나님께서 우리도 이집트 땅에서 건져내 주셨다."라며 지나온 시간을 회상했다.[6] 그에게 출애굽 내러티브는 자기 인생을 비교하고 병치함으로써 애굽에서 받은 상처를 치유하고 약속의 땅에서 맞이할 새로운 삶을 성찰하는 '메타 내러티브'^{meta-narrative}가 되었다.

'약속의 땅' 카이사레아

오리게네스가 '애굽 땅' 알렉산드리아를 떠나 정착한

5　참고, 오리게네스, 『요한복음 주석』 6.9 (GCS 10, 107.29-108.2).

6　참고, 오리게네스, 『요한복음 주석』 6.8 (GCS 10, 107.24-29). 다음 대목에서 오리게네스는 얼마 후 필사가들이 남아있던 자료를 마저 가지고 카이사레아로 건너와 마침내 제6권 저술을 재개할 수 있었다고 추가 해명한다. 문맥상 오리게네스가 함께 출애굽을 경험했다는 "우리"의 정체는 암브로시오스가 꾸려준 편찬단이었다.

'약속의 땅' 카이사레아는 실상 작은 로마였다. 로마 황제의 대명사 '카이사르'의 이름과 함께 로마를 위해 봉헌된 주 성전을 소유한 도시답게 카이사레아는 로마령 시리아·팔레스티나 속주의 행정 수도였다. 주 신전 옆 콜로세움에서 벌어지는 화려한 서커스와 전차 경주 그리고 검투사 싸움은 -오리게네스가 자기 눈과 귀를 의심할 정도로- 그리스도교 신자들조차 과격한 욕설을 내뱉으며 타 교도들과 구별 없이 뒤섞이는 도시 문화의 용광로였다.[7] 로마령 속주 곳곳에 세워진 동명의 도시들과 구분 짓고자 로마인들이 이 도시에 붙여준 별칭은 '마리티마'*Maritima*였다. 팔레스티나 카이사레아는 도시 곳곳에 세워진 여러 대리석 신상 중 바다의 신 포세이돈에게 봉헌된 신상이 무색하지 않은 지중해의 "해변" 도시였다. 로마령 거의 모든 속주에서 주조된 동전들이 상인들과 함께 팔레스티나 제1항구 도시의 길거리를 활보하며 서로 뒤엉켰다.[8] 현지에서 주조된 당시 동전에서 가장 흔하게 발견된 신상은 알렉산드리아의 신

---

7 참고, 오리게네스 『레위기 강론』 9.7.6 (GCS 29, 431.25-432.16); 11.1.4 (GCS 29, 447.10-22).

8 참고, Lee Levine, *Caesarea Under Roman Rule* (Leiden: Brill, 1975), 17, 56-67.

세라피스의 것이었다.[9] 3세기 팔레스티나 카이사레아는 정치·문화 차원에서 '작은 로마'였고, 지리·경제 차원에서 '작은 알렉산드리아'였다.

오리게네스가 알렉산드리아에서 출항하는 선박을 이용해 카이사레아에 처음 방문한 때는 216년[31세]이었다. 이때 그는 '헥사플라'에 추가할 히브리어 시편 사본을 인근 지역에서 구매했다.[10] 231년[46세], 오리게네스는 연구 자료 수집차 아테네와 로마를 방문하는 길에 카이사레아를 경유했다.[11] 오리게네스의 해상 여행담이 알렉산드리아와 로

9 참고, Gideon Foerster, "The Early History of Caesarea," *The Joint Expedition to Cesarea Maritima*, Vol. I (Missoula: Scholars Press, 1975), 18; Ronald Heine, *Origen: Scholarship in the Service of the Church* (Oxford: Oxford University Press, 2010), 145-146.

10 참고, 에우세비오스, 『교회사』 6.16.3 (LCL 265, 52.5-11). 첫 방문은 오리게네스의 가르침을 받고 싶었던 카이사레아 교회의 주교 테오크티스토스와 예루살렘 교회의 주교 알렉산드로스의 초청으로 성사되었다(참고, 에우세비오스, 『교회사』 6.19.16-17). 하지만 알렉산드리아 교회의 주교 드미트리오스가 집사 무리를 파견해 전달한 소환서를 받아보고 오리게네스는 동행한 암브로시오스를 현지에 남겨둔 채 급히 알렉산드리아로 돌아와야 했다(참고, 『교회사』 6.19.19; 오리게네스, 『요한복음 주석』 1.12-13).

11 참고, 에우세비오스, 『교회사』 6.23.3-4 (LCL 265, 70.1-15); John McGuckin, "The Life of Origen," 14.

마를 잇는 해상 물류의 중계 도시로서 서방 지역에서 자리 매김하던 카이사레아의 지경학적 위치를 밝혀준다면, 다른 여행담은 동방의 주요 내륙 도시를 연결하면서 바빌로니아까지 이르는 육상 물류의 시작점 -동시에, 종착점- 으로서 동방 지역에서 자리매김하던 지경학적 위치를 밝혀준다. 일례로 각각 244년[59세]과 247-248년[62-63세], 카이사레아에서 출발한 오리게네스는 육상 교역로를 따라 당시 로마령 아라비아 속주의 행정 수도였던 보스라를 방문했고, 거기서 아라비아 지역 주교들이 연루된 신학 논쟁을 해결했다.[12] 3세기 팔레스티나 제1의 항구 도시 카이사레아는 해로를 통해 서방의 로마를, 육로를 통해 동방의 바빌로니아를 연결하는 팔레스티나 물류 경제의 거점 도시였다.

일찍부터 카이사레아를 중계 거점으로 삼아 로마와 바빌로니아 사이를 오가면서 물류 경제 활동을 주도했던 무

---

12 244년 첫 방문에서 오리게네스는 '군주적 성부 유일신론'을 바탕으로 성자 그리스도의 완전한 신성을 부인하던 주교 베릴로스를 설득하는 데 성공했다(참고, 에우세비오스, 『교회사』 6.33-1-3). 247-248년 두 번째 방문을 통해 오리게네스는 주교 베릴로스를 도와 성자 그리스도가 성부의 피조물이라고 주장하는 지역 주교 헤라클리데스를 설득했다(참고, 『교회사』 6.37; Neil McLynn, "Bishops," *The Westminster Handbook to Origen* (Louisville: WJK Press, 2004) 71).

리는 유대인 랍비들이었다. 제1차 유대-로마 전쟁이 시작되었던 66년 당시 카이사레아에 거주하는 유대인의 인구는 2만 명대에 이르렀다. 전쟁이 끝난 후 랍비들은 유대인의 집단 무덤이 된 이 '홀로코스트' 도시를 하나님의 거룩한 백성이 살아서는 안 되는 불결한 이방인의 도시로 선언했다.[13] 카이사레아에 유대인 인구가 다시 유입되기 시작한 시기는 2세기 말이었다. 로마 황제 세베루스가[재위 193-211년] 정적 페스케니우스를 제압하고 즉위하는 과정에서 자신을 도와준 유대인들에게 보응 차원에서 베푼 다양한 혜택이 계기가 되었다. 저명한 랍비들이 앞장서서 이 도시에 정착하고 회당과 학당을 세웠는데, 이들의 귀환이야말로 카이사레아가 더 이상 불결한 도시가 아니라 거룩한 도시라는 선언 그 자체였다.[14]

카이사레아의 랍비들은 회당을 중심으로 팔레스티나 유대인들의 종교 대변자가 되었고, 로마 정부를 상대로도

---

13 참고, Lee Levine, *Caesarea Under Roman Rule*, 42-43.

14 참고, Lee Levine, *Caesarea Under Roman Rule*, 54-57; Herman Strack, *Introduction to the Talmud and Midrash* (Minneapolis: Fortress Press, 1996), 119-120.

유대인들의 정치 대변자로 나섰다.[15] 로마 정부가 부여한
자치 특권을 손에 쥐게 된 랍비들은 카이사레아의 지경학
적 위치를 이용하여 물류 경제의 주도권마저 잡아 나갔다.
이들이 서방 로마와 동방 바빌로니아 사이를 오가며 유통
한 물류에는 모세오경에 기록된 성문 율법을 주제별로 해
설하여 다양한 상황에 확대 적용하도록 돕는 구전 율법도
포함되어 있었다. 카이사레아의 랍비들은 '약속의 땅' 밖에
흩어져 살고 있는 유대인 디아스포라로부터 구전 율법을
모아 자기 학당을 중심으로 재가공하고 재유통했다. 3세
기 초, 랍비 예후다는 구전 율법을 63개 항목으로 정리하
고 6권의 책으로 집적하여 『미슈나』를 편찬했고, 이 구전
율법집과 함께 카이사레아는 초기 유대교 전통의 형성 및
발전사에서 중추로 자리 잡았다.[16] 게다가, 히브리 성경에
대한 구절별 해석법과 해석물의 총칭인 '미드라시'를 살펴

---

15 참고, Ronald Heine, *Origen*, 147-151.

16 참고, Irving Levey, "Caesarea and the Jews," *Studies in the
    History of Caesarea Maritima* (Missoula: Scholars for the
    American Schools of Oriental Research, 1975), 44, 55-57;
    Herman Strack, *Introduction to the Talmud and Midrash*,
    109, 139, 250-251.

봐도 3세기 산물 대부분의 원산지는 카이사레아 및 인근 팔레스티나 지역이었다.[17] 오리게네스가 정착했을 무렵 카이사레아는 '작은 로마'와 '작은 알렉산드리아'에 이어서 '작은 예루살렘' 혹은 '새 예루살렘'이 되었다.

카이사레아 교회의 입교 지도 교사

오리게네스가 새 예루살렘에서 만난 유대인 즉 아브라함의 혈통 자손들은 '랍비파'가 전부는 아니었다. 그들 중에는 '에비온파' 같이 예수를 약속된 메시아로 인정하면서도 여전히 할례와 안식일 같은 모세의 율법과 절기를 지키며 살아가는 이들과 '엘카사이파' 같이 특별히 정결의식과 금식을 강조하는 이들도 있었다.[18] '사마리아파'는 모세오경은 받들지만 선지서는 거부하는 또 다른 아브라함의 자손이었다.[19] 유대인 출신의 그리스도교 신자 중에는 안식

---

17 참고, Herman Strack, *Introduction to the Talmud and Midrash*, 240.

18 '에비온파' 참고, 오리게네스, 『켈수스 논박』 5.61-65. '엘카사이파' 참고, 에우세비오스, 『교회사』 6.38. '율법 준수' 참고, 오리게네스, 『켈수스 논박』 2.1.

19 참고, 오리게네스, 『켈수스 논박』 1.49, 6.71.

일이라는 이유로 토요일에 목욕하지 않는 여성들도 있었다.[20] 이 안식일 관습은 모세오경에 기록된 성문 규례는 아니었지만, 안식일을 철저히 지키려는 의도로 랍비들이 성문 규례를 확대 적용하여 가르친 -그리고 『미슈나』에도 기록된- 구전 규례였다.[21] 이들 여성은 그리스도교 신자들 가운데 일부가 토요일과 일요일에 회당과 교회를 번갈아 출석했던 정황과 함께 카이사레아 교회가 직접 경쟁했던 유대교파가 회당을 중심으로 모세오경과 율법을 가르치며 생활 규범을 지도했던 랍비파였음을 알려준다.

카아사레아 교회에서 오리게네스는 일요일과 수요일 그리고 금요일 저녁 예배에서 설교를 전담했다.[22] 설교자 오리게네스는 회당과 교회 사이를 오가는 신자들의 이중생활에 눈 감지 않았을 뿐만 아니라 입 닫지도 않았다.

---

20 참고, 오리게네스 『예레미야 강론』 39.2 (SC 302, 368.18-20).

21 참고, 「미슈나 샤밧」 1.1 (Danby, 100).

22 고정 설교 외에도 오리게네스는 주교 테오크티스토스의 요청에 따라 임시 설교를 맡기도 했다. 참고, Pierre Nautin, *Origène: sa vie et son oeuvre* (Paris: Beauchesne, 1977), 401-409; Henri Crouzel, *Origen: The Life and Thought of the First Great Theologian* (San Francisco: Harper & Row, 1989), 30; Ronald Heine, *Origen*, 171-179.

「출애굽기」 12장 설교에서 오리게네스는 카이사레아 교회의 회중을 향해 "만약 그대들이 교회에서뿐만 아니라 유대인의 회당에서도 하나님의 말씀을 먹는다면 '한 집에서 먹으라.'[출 12:46]라는 명령을 범하는 것이다."라며 엄중히 경고했다.[23] 「레위기」 7장 15절 "그날에 먹을 것이요 조금이라도 이튿날 아침까지 두지 말 것이니라."라는 구절을 강론할 때도 오리게네스는 "어제 유대인들로부터 배우고 오늘 교회에 왔다면 어제 화목 제물로 바쳐진 고기를 먹는 셈이다."라고 가르쳤다.[24] 오리게네스에게 교회는 "말씀이 선포되는 집"으로, 회당과 구별된 날에 모여 구별된 말씀을 먹는 구별된 공동체였다.[25]

오리게네스로부터 강론 교육을 받고 있던 무리는 교회의 예비신자들이었다. 당시 카이사레아 교회는 세례받고 입교하기를 원하는 예비신자에게 3년의 교육 과정을 요구했고, 구약성경을 주교재로 사용했다. 오리게네스는 238년[53세]부터 244[59세]까지 6년 동안 두 기수의 입교 교육을 맡

---

23 오리게네스, 『출애굽기 발췌집』 12.46 (PG 12.285d).

24 오리게네스, 『레위기 강론』 5.8.3 (GCS 29, 349.4-7).

25 오리게네스, 『창세기 강론』 10.3 (GCS 29, 96.19-97.4).

아 이끌었다. 예비신자들과 자원하는 신자들을 대상으로 월요일부터 토요일까지 매일 오전마다 구약 본문을 2-3장씩 차례대로 강론했다. 팔레스티나 카이사레아 교회에서 세례받는다는 것은 길거리에서 매일 마주치는 다른 유일신론자들과 다른 방식으로 구약 성경을, 특히 모세오경을 읽겠다고 선택하는 것이나 다름없었다. 특정 성경 해석 방식을 선택한다는 것은 해석자가 살아가는 방식을 선택하는 문화적 차원의 문제였고, 더 나아가 같은 방식으로 살아가는 공동체를 선택하는 사회적 차원의 문제였다. '구약 성경을 어떻게 읽고 지킬 것인가?'라는 주제는 유일신을 믿는 "모든 종파가 발생하는 주요 원인"이었다.[26]

예비신자가 세례 지원부터 세례식까지 거쳐야 했던 3년의 입교 준비 과정은 세례 신자들과 같은 방식으로 구약 성경 전체를 읽는 방법과 원리를 익히는 과정이었다. 『창

---

26 오리게네스, 『켈수스 논박』 3.12 (SC 136, 36.21-23). 참고, 『켈수스 논박』 5.60 (SC 147, 162.3-164.7): "우리 그리스도인이나 저들 유대인이나 구약 성경이 하나님의 감동으로 된 것이라고 한 입으로 똑같이 고백합니다. 하지만 구약 성경의 해석과 관련해서는 서로 다른 말을 합니다. 우리 그리스도인들은 유대인들과 달리 문자 그대로 해석하지 않습니다. 그래서 구약의 계명을 저들과 다른 방식으로 지킵니다."

세기 강론』에서 오리게네스는 그 요체를 다음과 같이 가르쳤다.

> 시간을 들여 성경의 이 본문과 저 본문을 가져다 나란히 비교하면서 "영적인 일은 영적인 것으로"[고전 2:13] 이어 맞출 때 본문 속에 깊이 감춰진 수많은 비밀스러운 [구원의] 신비[경륜]를 깨달을 수 있음을 유념하세요.[27]

50대의 완숙한 성경학자가 이제 막 성경해석의 세계에 발을 디딘 이들에게 전수한 '영적' 성경 해석법은 호메로스의 서사시를 해석하려고 지중해 사상가들이 범용하던 '알레고리아'였다. 팔레스티나의 랍비들 또한 히브리어로 '미닷', 아람어로 '메킬타'라고 이름 붙인 성경 해석법 체계를 통해 비슷한 방식으로 구약 성경을 해석하고 있었다.[28] 그렇다면 구약 성경에 대한 교회의 해석법이 회당의 해석법보다 낫다고 말할 수 있는 그래서 회당 공동체 대신 교회 공동체를 선택하라고 설득할 비교우위는 과연 무엇이었을까?

---

27 오리게네스, 『창세기 강론』 2.6 (GCS 29, 38.23-25).

28 히브리어 '미닷' 혹은 아람어 '메킬타'는 "측정법(들)"이란 뜻이다. 자세한 내용은 이 책의 제4장에서 "'미드라시'와 함께 유월절 다시 읽기" 단락에 담았다.

이 질문은 -'알레고리아', '미닷', 혹은 '영적' 해석이라고 부르든지 간에- 당시 지중해권 문명사회에서 보편적으로 사용하던 해석 방식, 즉 비교와 병치를 이용한 해석 방식 자체에 관해 묻는 말이 아니었다. 도리어 보편적인 해석 방식을 주변 공동체와 다르게 적용하는 구별된 해석 원리에 관해 묻는 말이었다. '어떻게'를 묻기에 앞서 '왜'를 묻는 말이었다. '왜 우리는 저들과 다르게 이 본문과 저 본문을 비교하여 이어 붙여야 하는가?' 아니면, '왜 우리는 저들처럼 이 본문과 저 본문을 비교하여 이어 붙여서는 안 되는가?' 달리 말해서 '무엇으로 성경은 하나가 되는가?'라며 성경의 통일성에 관해 묻는 말이었다. 앞선 『창세기 강론』에서 오리게네스가 사도 바울로부터 배워서 예비신자들에게 제시한 대답이 "영적인 것"이었다면, 그것이 '로고스' 그리스도와 관련된 것임을 또 다른 강론이 확인해 준다.

성경 본문을 다시 읽고 앞서 깨달은 [구원의] 신비를 깊이 탐구하면 -거듭 말하지만, 신비를 깨닫고자 수고를 아끼지 않는다면- 언젠가 하나님의 말씀이 그 모든 신비 너머로 그대들을 들어 올려 하나님과 연합도록 하심으로 말미암아 그리스도 예수 우리 주 안에서 "한 영이"(고전 6:17) 되는 경험을 누리게 될 것입니다. 그에게 영광

과 권능이 세세에 무궁하도록 있느니라, 아멘.[29]

회당과 마찬가지로 교회 역시 구약 성경의 이 본문과
저 본문을 비교하고 연결하면서 성경을 해석하는 공동체
였다. 하지만 회당과 다르게 교회는 성령의 도움으로 예수
그리스도라는 구별된 완결점을 향해 성경의 본문들을 "연
결된 완전체"로 세우는 구별된 해석 공동체였다.[30] 교회의
일원이 되려는 길에 들어선 예비신자들을 향해 오리게네
스는 해석자로서 교회와 텍스트로서 성경이 예수 그리스
도를 머리로 삼는 한 몸으로 세워질 때[참고, 엡 4:11-16] 비로소 그
리스도 안에서 영이신 하나님과 연합에 이르게 되고 영광
돌릴 수 있다고 당부했다. 오리게네스에게 성경해석의 목
적은 "하나님의 말씀"이신 예수 그리스도였고, 최종 목적
은 하나님을 향한 송영이었다.

---

29 오리게네스, 『창세기 강론』 10.5 (GCS 29, 99.26-100.16).

30 "연결된 완전체", 오리게네스, 『켈수스 논박』 7.10 (SC 150,
    40.17-18). 관련된 내용은 이 책의 제2장에서 "성경, 그리스
    도교의 텍스트 상징" 단락에 담았다.

유월절, 영원한 규례

그리스도 완결적인 성경 해석의 사례로 오리게네스의 『유월절론』을 주목해 볼 가치가 있는데, 유월절을 통해 기념하는 출애굽 사건이 오리게네스의 인생 내러티브가 되었기 때문이다. 게다가, 카이사레아에서 지은 이 50대 후반작은 오리게네스가 「출애굽기」 12장을 해석했던 방법과 과정을 예시 삼아 뒤따라가며 도제식으로 배울 수 있는 유용한 성경 해석학 교재이기도 하다.

오리게네스는 '유월절'에 담긴 뜻을 중심으로 어휘 분석부터 시작한다. 유월절을 뜻하는 히브리어 '페사흐'는 아람어를 거쳐 70인역 헬라어 번역 성경에 '파스카'로 음역되었다.[31] 그런데 2세기 그리스도교 전통의 해석가들은 로마 교회의 유스티누스와 히폴리투스를 따라서 음역어 '파스카'를 "수난 겪다"라는 뜻의 '파스카인' 혹은 "수난"이란 뜻의 '파토스' 같이 음은 가깝지만, 뜻은 동떨어진 단어들과 연관 짓기 시작했다.[32] 그 결과 3세기 그리스도교 해석 전

---

31 '페사흐', חֶסֶפ. '파스카', πάσχα.

32 '파스카인', πάσχειν. '파토스', πάθος.

통에서 '파스카'의 의미는 본래 의미 "유월"에서 탈착되어 "수난"과 유착되어 있었다. 초기 그리스도교 해석가들은 유월절이 그리스도의 십자가 수난절에서 궁극적으로 성취되었다고 해석함으로써 유대교 해석가들과 구별된 유월절 해석 전통을 형성해 나가고 있었다.[33]

오리게네스는 헥사플라 다섯째 단의 70인역[LXX] 성경에 기록된 헬라어 '파스카'를 첫째 단의 히브리 성경에 기록된 히브리어 '페사흐'와 병치하고 비교함으로써 이 음역어의 문자적 의미를 복원했고, 어휘 분석을 바탕으로 유월절을 수난절로 해석하는 그리스도교의 주류 전통에 문제를 제기했다.[34] 『유월절론』의 머리말에서 밝히듯이, 유대교 랍비

---

33 유월절-수난 해석 전통의 형성에 이바지한 그리스도교 해석가 중에는 로마 교회의 해석가들 외에도 리옹의 이레나이오스, 카르타고의 테르툴리아누스, 사르데이스의 멜리톤 그리고 히에라폴리스의 아폴리나리오스 등이 있다.

34 로마를 처음 방문했던 212-213년, 오리게네스는 로마 교회의 장로였던 히폴리투스와 그의 저술을 접한 이후부터 성경 연구에 전념하기 시작했다. 당시 히폴리투스는 구약 성경에 대한 해석을 바탕으로 저술한 여러 변증적 논문으로 명성이 높았는데, 그중 하나가 『유월절론』이었다(참고, 에우세비오스, 『교회사』 6.22.1). 히폴리투스의 권유로 성경 연구에 전념하기 시작한 지 약 33년 후(약 245년, 혹은 240-248년 사이), 오리게네스는 유월절에 대한 히폴리투스의 해석을 수정하는 논문을 그의 것과 같은 제목으로 내놓았다. 참고, Pierre

들과 교류는 오리게네스가 자신이 속한 내부 전통의 유월절 해석에 내재한 문제를 인지하고 새로운 대안을 제시해야 할 필요성을 인식하는 계기가 되었다.

> 우리 가운데 누군가 히브리인과 대화하다가 '유월절'의
> 의미가 우리 구세주의 수난과 관련 있다고 말하는 순간
> 즉시 그들로부터 단어의 기본 뜻도 모르는 일자 무식꾼
> 이라고 놀림 받을 게 분명합니다.[35]

알렉산드리아 문헌학 전통에서 훈련받은 오리게네스에게 어휘 분석은 본문 분석을 거쳐 비평 분석에 도달하기 위한 출발점이었다. 어휘 분석을 마친 후 오리게네스는 학생들에게 "이제 본격적으로 본문 분석을 시작하자."라며 주제를 전환한다.[36] 오리게네스의 『유월절론』은 「출애굽

Nautin, *Sur la Pâque* (Paris: Beauchesne, 1979), 108-110; Robert Daly, "Introduction," *Origen's Treatise on the Passover* (New York: Paulist Press, 1992), 4; Ruth Clements, *Peri Pascha: Passover and the Displacement of Jewish Interpretation Within Origen's Exegesis* (Ph.D. Dissertation: Harvard Divinity School, 1997), 22-23.

35 오리게네스, 『유월절론』 1.31-2.1 (Sur la Pâque, 154-156).

36 오리게네스, 『유월절론』 2.15-18 (Sur la Pâque, 156).

기」 12장 1-11절에 대한 본문 분석을 다룬 제1부와 그 위에 비평 분석을 쌓아 올린 제2부로 구성된, 알렉산드리아 주석의 전형이었다.

오리게네스는 제1부와 제2부 사이에 질문 하나를 끼워 넣음으로써 앞선 본문 분석과 곧 이어질 비평 분석을 연결하는 경첩으로 활용한다. 이 질문을 통해 오리게네스는 앞선 본문 분석에서 집중해서 다뤘던 주제가 무엇이었는지 환기해주고, 동시에 이어지는 비평 분석이 도달할 목적을 다음과 같이 가리킨다.

> 유월절 제사 및 관련 규례가 그때 그 시대에만 지켜지고 말면 되는 건지, 아니면 "말세를 만난"[고전 10:11] 우리 시대에도 여전히 그러나 다른 방식으로 지켜져야 하는 건 아닌지 질문하게 됩니다.[37]

오리게네스가 말한 "우리 시대"란 "성전은 파괴되었고 제단은 무너졌으며 거룩한 성전 기구가 더럽혀져서 더 이상 제사 드릴 수 없는" 시대, 따라서 모세율법에[참고. 출 12:14]

---

37   오리게네스, 『유월절론』 39.18-26 (Sur la Pâque, 230).

"영원한 규례"로 명령받았지만 더 이상 문자 그대로 지킬 수 없게 된 유월절을 "무슨 수로 영원한 규례라고 부를 수 있단 말인가?"라고 되물을 수밖에 없는 시대를 의미했다.[38] 오리게네스의 『유월절론』은 70년에 파괴된 성전의 부재 시대에 「출애굽기」 12장을 어떻게 다른 방식으로 읽고 유월절을 계속해서 지킬 수 있을지 해결책을 찾아나간 랍비 파 유대교 전통을 통해 자신이 속한 그리스도교 해석 전통을 수정하고, 수정된 대안을 통해 유대교 전통을 상대로 경쟁 우위를 차지하려는 오리게네스의 고민과 노력이 모아진 집적물이었다.[39]

결론부터 말해서, 그리스도교 해석가들이 지금까지 제시해온 "그리스도의 수난"을 대신해 오리게네스가 제시한 대안은 "우리를 위해 수난당하신 그리스도" 자신이었다.[40] 유월절의 실체가 된 예수 그리스도는 수난뿐만 아니라 부활과 승천을 통해 이 땅의 경계 넘어 하나님이 계신 가장

---

38 오리게네스, 『레위기 강론』 4.10.5 (GCS 29, 331.11-17).

39 참고, Israel Yuval, "Easter and Passover as Early Jewish-Christian Dialogue," *Passover and Easter* (Notre Dame: University of Notre Dame, 1999), 98.

40 오리게네스, 『유월절론』 13.10-14 (Sur la Pâque, 178).

높은 하늘로 들어가신 유월자이며, 지금도 자기 몸된 교회를 하나님의 존전으로 이끄시는 인도자이다.

> 아담의 불순종으로 하나님께서 둘러치신 경계를 넘어서신 유일자가 있다면 사망이 쏘는 것을 무디게 만들고 사망의 권세를 제압하신 주님뿐이십니다.[참고. 고전 15.55] 친히 옥으로 내려와 복음을 선포하심으로 말미암아 사로잡힌 영들에게 자유를 주셨고,[참고. 벧전 3.19] 친히 하늘에 올라가심으로 말미암아 그들도 하늘에 올라갈 길을 놓아 주셨으며, 친히 하늘에 들어가심으로 말미암아 그들도 하늘에 들어갈 수 있도록 크고 작은 문들을 활짝 열어 놓으셨습니다.[41]

성전의 부재 시대에도 유월절을 영원한 규례로 지킬 수 있는 다른 방식은 죽임당한 참 '어린양'이면서 출애굽한 참 '이스라엘' 되신 그리스도와 관련된 것이었고 "그리스도 안에서 성취된 구원의 능력"과 관련된 것이었다.[42] 구원사 관점에서 다른 방식은 어린양과 이스라엘의 최종 성취가

---

41   오리게네스, 『유월절론』 47.35-48.12 (Sur la Pâque, 246-248).

42   오리게네스, 『유월절론』 40.34-35 (Sur la Pâque, 232).

되려고 이 땅에 오셨던 그리스도의 '초림'과 지금은 몸된 교회의 구원을 최종 성취하려고 다시 오실 그리스도의 '재림'과 관련된 것이었다.

오리게네스는 『유월절론』의 외연은 제1, 2부로 나누었지만, 내연은 초림 전 구약 시대와 호응하는 유월절의 문자적 의미로부터 초림과 재림 사이 신약시대와 호응하는 중간 의미를 거쳐 재림 이후 부활 시대와 호응하는 영적 의미를 밝히는 삼단으로 연결, 구성했다. 구약 시대의 유월절이 어린양의 희생 제사로 말미암아 이스라엘 백성이 애굽을 떠나 약속의 땅으로 건너간 사건을 기념했다면, 신약 시대의 유월절은 그리스도의 십자가 희생 제사로 말미암아 어둠에서 떠나 빛으로 건너가는 현재 진행 중인 사건이다.[43] 하지만 신약의 유월절은 구약의 그림자가 가리켰

---

43 구약 시대 유월절의 의미에 관한 참고, 오리게네스, 『유월절론』, 2.19-3.8 (Sur la Pâque, 156). 신약 시대 유월절의 의미에 관한 참고, 오리게네스, 『유월절론』, 3.8-4:29 (Sur la Pâque, 158-160). 신약 복음서에서 유월절과 (유교절 다음 날부터 7일 동안 이어지는) 무교절을 상호 연계하거나 호환해 부르듯이(참고, 마 26:17; 막 14:1-2, 12; 눅 22:1, 7), 『유월절론』에서 오리게네스가 말하는 유월절 역시 (당시 랍비들과 마찬가지로) 애굽에서 드린 희생 제사를 기념하는 유월절뿐만 아니라 애굽에서 나와 홍해를 건넌 여정을 기념하는 무교절까지 포괄한다.

던 실체이면서, 동시에 세 번째 마지막 유월절을 가리키는 그림자이기도 하다.

> 구약 시대에서 누렸던 유월절의 신비가 신약 시대의 진리로 대체되었듯이, 우리가 현재 누리고 있는 신약 시대의 신비 또한 [모든 죽은 자들의] 부활이 일어날 때 더 이상 필요치 않게 될 것입니다. 이 부활의 시대야말로 「출애굽기」 12장 10절이 말하는 "아침"으로, "아무것도 남겨두지 말며" 또한 "남은 것은 모두 불사르라." 한 그 때입니다.[44]

오리게네스는 알렉산드리아 시절부터 예수 그리스도의 초림과 재림을 기준으로 구원 드라마의 시작과 완결을 '율법', '역사적 복음', 그리고 '영원한 복음'으로 삼분하고 연결 지었다. 초림을 통해 "장차 올 좋은 일의 그림자일 뿐" 히 10:1인 율법의 목적을 완결하신 그리스도께서 더욱 영광스러운 재림을 통해 초림의 그림자마저 완결하실 것으로 보았다. 재림 때 이루어질 구원의 완결은 그리스도께서 자기 몸 된 교회를 "역사적 복음에서 영원한 복음으로"참고

---

44 오리게네스, 『유월절론』 32.20-28 (Sur la Pâque, 216.20-28).

^{제 14:6} 옮기는 마지막이자 "세 번째 유월"이었다.⁴⁵ 알렉산드리아에서와 마찬가지로 카이사레아에서도 오리게네스는 구원 드라마의 완결을 유월절에 빗대어 이야기한다.

> 지나가는 시대가 하나님 아버지가 친히 세우신 영원한 시대로 건너갈 때 마침내 자녀들도 아버지께로 돌아오게 됩니다. '파스카'에 담긴 "건넘, 통과"라는 뜻이 비로소 이루어지게 됩니다.⁴⁶

과거에 일어난 첫 번째 출애굽을 기념하고 미래에 일어날 마지막 출애굽을 가리키는 영원한 규례로서 유월절은 오리게네스에게 자신의 개인사뿐만 아니라 하나님의 구원사 전체를 조망하고 이해하는 '메타내러티브'였다. 과거와 미래 사이에 여전히 현재 진행 중인 출애굽을 경험하고 있는 교회 신자들은 다름 아니라 그리스도와 함께 "할례에서 믿음으로, 문자에서 영으로, 그림자에서 실체로, 그리고 육적 순종에서 영적 순종으로" 건너가고 있는 유월

---

45 "역사적 복음에서 영원한 복음으로", 오리게네스, 『원리론』 4.3.13 (GK 770.17-772.7). "세 번째 유월절", 오리게네스, 『요한복음 주석』 10.111 (GCS 10, 189.30-31).

46 오리게네스, 『유월절론』 45.7-14 (Sur la Pâque, 242).

자들이다.[47] 신자가 된다는 것은 "집을 자랑하는 자들이 아니라 목적지를 향해 걸어 나가는 길에서 머무르는 장막을 사랑하는 자들"이 되는 것이라며, 이집트를 떠나 팔레스티나로 '건너온' 지도 교사는 예비신자들이 언젠가 받게 될 세례의 의미를 가르쳤다.[48]

상징에 적합한 방식

그렇다면 율법 시대와 영원한 복음의 시대 사이에 놓인 역사적 복음의 시대를 건너가고 있는 신자는 어떻게 다른 방식으로 유월절을 지키며 현재 진행 중인 출애굽에 참여할 수 있는가? 그리스도는 어떻게 다른 방식으로 몸된 교회를 이끌며 중간 시대를 건너가고 계시는가?

『유월절론』의 제1부, 본문 분석을 시작하면서 오리게네스는 「출애굽기」 12장 1-2절 옆에 「마태복음」 5장 17절과 「요한복음」 3장 20-21절 그리고 「디도서」 3장 5절을 나란히 이어 붙인다. 구약 본문과 신약 본문들이 이어진 길

---

47   오리게네스, 『로마서 주석』 9.1.1 (Bammel 3, 710.1-5).

48   오리게네스, 『민수기 강론』 17.4.2 (GCS 30, 160.6-12).

끝에 신약시대 유월절의 신비가 기다리고 있었다. 그것은 율법을 폐하지 않고 완전하게 하신 그리스도 안에 소망을 두는 자마다 물을 통해 중생의 씻음을 받아 어둠에서 빛으로 건너간 새로운 "첫 달"출 12:2, 곧 새로운 출애굽 시대와 삶의 시작이었다.[49] 물을 통해 이 신비 안으로 들어가는 통과의례를 일컬어 오리게네스는 "상징에 적합한 방식"이라고 규정했다.[50]

유월절 어린양의 피를 바르는 것과 다르게 -피보다 묽고 영보다 진한- 물을 사용하는 새로운 통과의례 방식은 다름 아니라 세례침례였다. 오리게네스는 「출애굽기」 12장 7절을 주해하면서 "그 피를 양을 먹을 집 좌우 문설주와 인방에 바르라."라는 옛 방식의 지침을 그보다 나은 새 방식인 세례 상징으로 새롭게 읽고 적용한다. 그리고 그리스도와 합하는 믿음으로 인침 받았다는 것은 "멸하는 자"출 12:23가 가져올 재앙으로부터 구원을 확신하게 되었다는 의미

---

49 오리게네스, 『유월절론』 4.1-29 (Sur la Pâque, 160).

50 오리게네스, 『유월절론』 4.29 (Sur la Pâque, 160). "상징에 적합한 방식", οἰκείως ὡς πρὸς τὸ σύμβολον.

라며 결론짓는다.[51] 당시 팔레스티나에서 "세례받는다."라는 말은 "그리스도를 믿는다."라는 뜻으로 교차 사용되고 있었다.[52]

그렇다면, 바로 다음에 이어지는 어린양의 고기를 불에 구워 먹으라는 「출애굽기」 12장 8절의 규례는 어떻게 "상징에 적합한 방식"으로 새롭게 읽고 적용할 수 있을까? 세례받은 신자라면 세례식 이후 처음으로 참여했던 성찬례를 자연스레 떠올렸을 법한 상황에서 오리게네스는 뜻밖의 반문으로 답한다, "유월절 어린양이 그리스도이고, 그리스도가 로고스라면 그의 살이 성경이 아니고서 다른 무엇이겠는가?"[53] 세례 상징과 더불어 현재 성전 부재의 시대에 유월절에 참여할 수 있는 더 나은 방식은 성찬 상징이었기에, 오리게네스는 먹고 마시는 친숙한 상징을 이용해서 성경을 교회가 받은 또 하나의 상징으로 소개한 것이었다.[54]

---

51 오리게네스, 『유월절론』 25.[-]15-[-]4 (Sur la Pâque, 202).

52 Robert Daly, *Treatise on the Passover* (New York, 1992), 98 n. 32.

53 오리게네스, 『유월절론』 26.5-8 (Sur la Pâque, 204).

54 성경과 성찬 사이 밀접한 관련성을 『유월절론』의 다른 본문

사실, 오리게네스에게 성경은 언제나 세례에 사용되는 물과 성찬에 사용되는 떡과 포도주보다 중요한 상위 상징이었고, 따라서 성경 해석은 세례와 성찬 성례보다 중요한 상징 행위였다.[55] 예를 들어,『출애굽기 강론』에서 오리게네스는 카이사레아 교회의 신자들이 성찬에 참여할 때 보이는 신중한 태도를 칭찬하면서, 성찬보다 중요한 "그리스도의 몸된 하나님의 말씀을 소홀히 대하는 자신들의 모습은 어떻게 그리 신경 쓰지 않을 수 있느냐?"라며 반문한다.[56] 오리게네스의 사상에서 율법 시대의 어린양과 영원한 복음 시대의 하나님의 '로고스' 말씀 사이를 이어주는, 현재 시대를 위해 가장 적합한 그리스도의 상징이 있다면 그것

에서도 확인할 수 있다. 오리게네스,『유월절론』 33.19-23 (Sur la Pâque, 218): "앞서 살펴보았듯이, 그리스도의 살과 피는 하나님의 말씀인 거룩한 성경이다. 성경을 먹을 때 그리스도가 들어오신다."

55　참고, Jean Laporte, "Philonic Models of Eucharistia in the Eucharist of Origen," *Laval Théologique et Philosophique* 42.1 (1986), 77-78; Lothar Lies, *Wort und Eucharistie bei Origenes* (Innsbruck: Tyrolia-Verlag, 1978), 217-258; Henri De Lubac, *History and Spirit: The Understanding of Scripture According to Origen* (San Francisco: Ignatius, 2007), 406-426.

56　오리게네스,『출애굽기 강론』 13.3 (GCS 29, 274.11-13).

은 다름 아닌 성경이었다. 성경은 세례와 성찬을 포함해 "셀 수 없이 많은 상징"이 흘러나오는 원천 상징이었다.[57]

그렇다면 성경을 어떻게 상징에 적합한 방식으로 해석할 수 있을까? 어린양을 불에 구워 먹는 조리법이 명시된 「출애굽기」 12장 8절을 통해 오리게네스는 바른 성경 해석법을 다루기 시작한다. 그리고 불로 굽는 방법 외에 다른 조리법 두 가지를 비교 소개하는 「출애굽기」 12장 9절에 대한 주해를 통해 잘못된 성경 해석법 두 가지를 설명하면서, 이들 방법을 사용하는 두 무리의 경쟁 전통을 따라서는 안 되는 반면교사로 지목한다. 오리게네스에 따르면, 영지주의자들은 "물 같은 다른 가르침"을 혼합해 성경을 해석한다.[58] 반면, 유대교주의자들은 성경을 문자 그대로의 "날것 상태로" 해석한다.[59] 올바른 성경 해석을 위해 오리게네스가 제시한 근본 원리는 오직 성경과 오직 성령이었다.

---

57 오리게네스, 『켈수스 논박』 4.31 (SC 136, 262.27-31; 47-48).

58 오리게네스, 『유월절론』 28.[-]11-[-]8 (Sur la Pâque, 208).

59 오리게네스, 『유월절론』 28.[-]5-29.1 (Sur la Pâque, 208-210.1).

그리스도의 살 곧 성경 말씀을 먹는 데 꼭 필요한 불로
서 합당한 분이 있다면 바로 성령입니다. 성경에 기록된
문자들은 거룩한 성령의 불에 구워진 상태라야 먹을 수
있습니다. 왜냐하면 거룩한 불에 구울 때 그 문자들이
기름지고 먹음직스럽게 변하기 때문입니다.[60]

성전 불을 사용했던 과거 율법 시대의 유월절 제사가
현재 시대에 성취된 원형으로 성령을 통한 방식을 제시함
으로써 오리게네스는 성경 해석을 제사 행위로 재구현했
다. 유월절 식사를 대체하여 새로 제정된 성찬, 그 식탁 위
에 올려진 어린양 그리스도의 살과 피는 그 무엇보다도 성
경의 문자들이 성령의 불에 변화되어 나타난 영적 의미들
이었다. 영의 양식을 먹는 자들은 그리스도와 연합하여 죄
에서 거룩으로, 죽음에서 생명으로 건너가게 된다.[61] 성경
해석이 현재 시대를 위한 유월절 제사라면, 성령의 불을

---

60 오리게네스, 『유월절론』 26.[-]6-27.5 (Sur la Pâque, 204-
    206).

61 참고, 오리게네스, 『유월절론』 14:11-15 (Sur la Pâque, 180).
    「요한복음」 6장 53절, "예수께서 이르시되 내가 진실로 진실
    로 너희에게 이르노니 인자의 살을 먹지 아니하고 인자의 피
    를 마시지 아니하면 너희 속에 생명이 없느니라."에 대한 참
    고, 오리게네스, 『요한복음 주석』 10.17 (GCS 10, 187.22-
    189.9).

다루는 성경 해석자야말로 유월절 제사를 드리기에 합당한 제사장이다.

> 교회의 제사장은 백성들의 죄를 속하는 자입니다. 그가
> 하나님의 말씀을 제단 위에 잡아 "바른 교훈"[딤전 1:10]의 제
> 사를 하나님께 올려드릴 때 듣는 자들의 죄가 속해질 것
> 입니다.[62]

유월절 제사를 드리는 거룩한 제사장의 정체야말로 오리게네스가 수난절을 유월절의 성취로 이해한 그리스도교 해석 전통에 수정을 요구한 주된 이유들 중 하나였다. 기존 해석 전통에 따라 그리스도의 수난을 유월절 제사의 원형으로 이해했을 때, 그리스도에게 수난을 가한 "범죄자들과 죄인들"이 유월절 제사를 드렸던 거룩한 백성과 제사장의 원형이 되는 모순이 발생하기 때문이었다.[63] 유월절 제사에 참여한 자들의 참된 원형은 그리스도를 거부한 범죄자들이 아니라 성령의 도우심으로 그리스도를 먹고 마

---

62 오리게네스, 『레위기 강론』 5.3.5 (GCS 29, 339.25–340.2).

63 참고, 오리게네스, 『유월절론』 12.17–16.4 (Sur la Pâque, 176–184).

시는 "거룩한 백성들과 나실인들"이어야 했다.[64] 어린양의 "뼈도 꺾지 말지며…"출 12:46라고 했듯이 오리게네스는 모형의 서사적 뼈대가 원형에 이르러서 도리어 훼손되어서는 안 되고 더 완전해져야 한다고 보았다.[65] 알렉산드리아 출신의 문헌학자였던 오리게네스에게 성경 해석의 목적이 언제나 영적 의미의 추구였다면 그 시작은 언제나 탄탄한 문자적 의미의 추구였다.

오리게네스에게 율법과 영원한 복음 사이, 구약과 부활 사이, 첫 번째와 세 번째 유월절 사이, 그리고 그리스도의 초림과 재림 사이 현재는 '성례의 시대' 혹은 '상징의 시대'였다. 「출애굽기」 12장의 유월절 서사와 규례를 현재라는 사이 시대에 "여전히 그러나 다른 방식"으로 읽고 지켜야 한다면, 오리게네스가 제시한 대안은 "상징에 적합한 방식"이었다.[66] 자기 몸된 교회가 이 사이 시대를 건너 "하나님 아버지가 친히 세우신 영원한 시대"로 들어갈 때까

---

64 오리게네스, 『유월절론』 13.3-6 (Sur la Pâque, 178).

65 참고, 오리게네스, 『유월절론』 33.23-25 (Sur la Pâque, 218).

66 "여전히 그러나 다른 방식", 오리게네스, 『유월절론』 39.18-26 (Sur la Pâque, 230). "상징에 적합한 방식", 『유월절론』 4.29 (Sur la Pâque, 160).

지 그리스도께서 목자의 도구로써 사용하는 상징은 세례와 성찬례였다.[67] 그러나, 이들 두 성례의 원천은 '로고스' 그리스도께서 문자로 성육한 성경이었다. 성경이 그리스도께서 몸된 교회에 허락한 독보적인 상징이라면, 성경 해석은 다른 무엇보다 "상징에 적합한 방식"으로 이루어져야 할 상징 행위이자 드라마였다. 교회 예비신자들을 대상으로 입교 교육하는 현장에서 지도 교사 오리게네스는 '로고스' 그리스도의 인도를 받아 "성경의 이 본문과 저 본문을 가져다 나란히 비교하면서…이어 맞출 때" 그리스도께서 친히 그를 "들어 올려" 하나님과 한 영으로 "연합도록 하심"을 경험하게 될 것이라며, 부단히 상징에 적합한 방식으로 성경을 해석해온 신앙의 선배로서 간증했다.[68]

---

67 오리게네스, 『유월절론』 45.7-14 (Sur la Pâque, 242).
68 "성경의 이 본문과 저 본문을 가져다 나란히 비교하면서 … 이어 맞출 때", 오리게네스, 『창세기 강론』 2.6 (GCS 29, 38.23-25). "들어 올려"와 "연합도록 하심", 오리게네스, 『창세기 강론』 10.5 (GCS 29, 99.26-100.16).

4장. 텍스트 상징으로 지은 성전

4장.
텍스트 상징으로 지은 성전

구약 성경을 해석하고 연구하는 과정에서 오리게네스는 "적지 않은" 카이사레아의 유대인들과 교제했다.[1] 히브리어 어휘 같은 가벼운 주제로 시작된 사적 대화는 때때로 구약 본문에 관한 해석을 주제로 벌이는 토론으로 이어졌고, 급기야 유대인들 사이에서 "지혜자로 떠받들어지던" 랍비들이 참여하는 공개 논쟁으로 비화하기도 했다.[2] 공개

---

1 오리게네스, 『아프리카노스에게 보내는 서신』 6 (SC 302, 536.9-14). 참고, 오리게네스, 『창세기 강론』 2.1-2, 『출애굽기 강론』 5, 『예레미야 강론』 20.2.2.

2 오리게네스, 『켈수스 논박』 1.45 (SC 132, 192.1-3).

논쟁을 준비하는 과정에서 느꼈던 긴장감을 동료에게 토로하는 서신 구절은 논쟁 현장의 분위기를 짐작케 한다.

> 상대가 알고 있는 성경 해석을 모르지 않도록 철저히 준비해야 합니다. 그러지 않으면 그리스도교의 이방인 신자들은 무식하다며 언제나 그랬듯이 비웃을 게 뻔하니까 말입니다.[3]

카이사레아의 랍비들도 오리게네스 같은 그리스도교 신자와 벌이는 해석 논쟁에서 비교우위를 차지할 방법을 찾으려고 부단히 노력하기는 마찬가지였다. 오리게네스와 동시대에 살았던 랍비 요하난벤 나프하은 참 이스라엘만이 받아 누릴 수 있는 결정적 차이로 -그리스도교 신자 같이 외부인도 읽고 연구할 수 있는- 기록된 말씀이 아니라 구전된 말씀을 꼽았다.[4] 그리고 구전된 말씀을 외부인에게

---

3 오리게네스, 『아프리카노스에게 보내는 서신』 5 (SC 302, 534.15-19.2). 참고, 오리게네스, 『유월절론』 1.31-2.1 (Sur la Pâque, 154-156): "우리 가운데 누군가 히브리인과 대화하다가 '유월절'의 의미가 우리 구세주의 수난과 관련 있다고 말하는 순간 즉시 그들로부터 단어의 기본 뜻도 모르는 일자 무식꾼이라고 놀림 받을 게 분명합니다."

4 참고, 「바빌로니아 탈무드 기틴」 60b; 「팔레스티나 탈무드 페아」 2.6, 17a.

누설하는 자는 중벌을 받아 마땅하다며 강경한 어조로 주장했다.[5] 반면, 경건한 이방인들을 대상으로 적극 선교해야 한다고 독려하는 그의 상반된 목소리는 그리스도교 신자와 경쟁에서 이기고 얻으려는 공통 대상이 유일 신앙에 관심 있는 소위 '경건한 이방인'이었음을 암시한다.[6] 오리게네스는 카이사레아의 랍비들이 이방인들을 상대로는 그렇게 호의적이면서 이방인 출신의 그리스도교 신자들을 상대로는 유독 호전적이라면서 자주 푸념했다.[7]

오리게네스 자신이 카이사레아 교회를 대표하는 신자역할을 했듯이, 구약 성경의 해석은 카이사레아의 이방인들이 지켜보는 앞에서 '누가 참 아브라함의 자손인가?', '누가 참 이스라엘인가?'라는 명예를 걸고 회당과 교회가 경쟁하는 주 종목이었다. 카이사레아에서 생산되고 유통되는 성경 해석은 회당의 산물이나 교회의 산물이나 기본적으로 변증물이었다.[8]

---

5 참고, 「바빌로니아 탈무드 산헤드린」 38b.
6 참고, 「바빌로니아 탈무드 네다림」 32a.
7 참고, 오리게네스, 『시편 강론』 36.1; 『켈수스 논박』 1.45, 6.27.
8 바빌로니아 랍비들과 비교해서 팔레스티나 랍비들의 성경 해석은 보다 더 특정 주제에 따른 질문에 대답하는 변증적인 특

오리게네스와 랍비들

70년 제2예루살렘 성전의 파괴는 모세오경토라의 율법이 투사하는 성전 중심의 이상 사회와 이방 로마인이 지배하고 있는 현실 사이에 크나큰 간극을 만들었고, 135년 성전 재건의 좌절은 이 간극을 극복해야 할 당위성의 끝자락으로 유대인들을 내몰았다. 70년부터 135년 사이에 유대인들 가운데 이루어진 다양한 시도와 논의는 초기 유대교 전통의 다양한 분화로 이어졌다. 팔레스티나의 랍비들은 성전 부재의 현실 속에서 모세오경에 대한 "성경 해석의 표준 법칙"을 재정립하고 발전시켜 나가는 "오랜 과정"에 뛰어든 여러 유대인 무리 중 하나였고 결국 주류가 되었다.[9] 3세기

징을 지니고 있다. 이들이 성경 해석을 통해 다룬 주요 주제는 (1) 참 이스라엘의 조건, (2) 하나님의 본성, (3) 율법 조항 등이다. 참고, Richard Kalmin, "Patterns and Developments in Rabbinic Midrash," *Hebrew Bible/Old Testament* I/1 (Göttingen: Vandenhoeck & Ruprecht, 1996), 288.

9 Yaakov Elman, "Classical Rabbinic Interpretation", *The Jewish Study Bible* (Oxford: Oxford University Press, 2004), 1844; Lawrence Schiffman, "Early Judaism and Rabbinic Judaism," *Early Judaism: A Comprehensive Overview* (Grand Rapids: William B. Eerdmans, 2012), 420-434.

팔레스티나의 랍비들은 모세로부터 "여호수아와 장로들 그리고 선지자들"을 거쳐 1-2세기 회당의 위대한 '탄나임'^전^{승들}을 통해 전승된 구전 율법 전통의 후계자라는 자기 인식을 바탕으로 '아모라임'^{해석자들}으로서 자신들이 감당해야 할 시대적 과업을 세 가지로 추렸다. 그것은 "부지런히 판별할 것", "제자를 많이 길러낼 것", 그렇게 함으로써 "모세오경 주위에 울타리 칠 것"이었다.[10] 랍비파 전통이 모세오경 해석의 표준을 재조정한 방식은 묵시적 종말주의를 선택한 쿰란파 전통이나 영지주의 사상을 수용한 신비주의파 전통과 달랐어도, 외부인들로부터 모세오경의 신적 권위를 지켜야 한다는 목표만큼은 이들과 같았다.

유대인들에게 모세오경은 하나님께서 친히 선택한 백성에게 내려주신 텍스트 상징 그 자체였다. 유월절 서사와 규례는 모세를 통해 율법을 처음 받은 시내산 사건의 시초가 되었다는 점에서 그 주위로 울타리를 단단히 둘러쳐 지켜야 할 상징 중의 상징이었다. 팔레스티나 랍비들이 특별히 경계한 외부 침입자는 그리스도교 신자들이었다. 랍비

---

10 「미슈나 아봇」 1.1 (Danby, 100).

들이 성전 부재 시대를 두 번째 애굽 생활로 이해하고 새
로운 출애굽이 일어나기를 기다리라는 식으로 가르칠 때,
그리스도교 해석가들은 예수 그리스도의 십자가 고난을
통해 두 번째 출애굽이 이미 일어났다며 자랑하고 선전했
다.[11] 그 증거로 "유월"을 뜻하는 히브리어 '페사흐'와 그리
스 음역어 '파스카'를 예수 그리스도의 수난과 관련된 헬라
어 '파스카인'이나 '파토스'와 연결 짓자 랍비들은 기다렸다
는 듯이 "단어의 기본 뜻도 모르는 일자 무식꾼"이라며 비
웃음으로 반격했다.[12]

   그러자 알렉산드리아에서 문헌 학자로 훈련받은 오리
게네스는 '파스카' 어휘의 본래 의미 "유월"이 가리키는 대
상을 2세기 로마 교회에서 시작되어 그리스도교 전통의
주류 해석으로 자리 잡고 있던 예수 그리스도의 수난에서
수난당하신 예수 그리스도 자신으로 재조정했다. 그에 맞
추어 유월자 된 그리스도와 함께 율법에서 역사적 복음으
로 건너는 두 번째 출애굽이 이미 일어났을 뿐만 아니라

---

11 Israel Yuval, "Easter and Passover as Early Jewish-Christian
    Dialogue," *Passover and Easter* (Notre Dame: University of
    Notre Dame, 1999), 98.

12 오리게네스, 『유월절론』 1.31-2.1 (Sur la Pâque, 154-156).

역사적 복음에서 영원한 복음으로 건너가는 세 번째이자 마지막 출애굽을 이제 기다리고 있다는 식으로 그리스도교 내부의 해석을 수정했다.[13]

　게다가 오리게네스는 그리스도교 해석 전통이 유대교 해석 전통을 평가할 때 꼬리표처럼 사용해왔던 "문자적 해석 방식"이란 통상적인 표현을 빌려 팔레스티나 랍비들의 성격 해석이 마치 "날것 상태"로 어린양을 먹는 경우와 마찬가지라며 비판했다.[14] "문자적 해석 방식"이란 표현은 토론 상대가 내놓은 주장의 진의를 파고들다 보면 결국 귀담아들을 가치 없는 결론에 이르게 된다고 말하는, 그래서 나머지 주장도 더는 들어 볼 필요가 없다고 단정 짓는 일종의 귀류법적혹은, 배리법적 수사 장치였다.[15] 오리게네스가 이러한 장치를 사용한 의도는 문자를 "거룩한 성령의 불에 구워진 상태"로 먹고 소화해서 모세의 명령을 더 나은 영

13　자세한 내용은 이 책의 제3장에서 "카이사레아 교회의 입교 지도 교사" 단락에 담았다.

14　"날것 상태"와 "문자적 해석", 오리게네스, 『유월절론』 28.[-]5-29.1 (Sur la Pâque, 208-210.1).

15　Paul Blowers, "Origen, the Rabbis, and the Bible," *Origen of Alexandria* (Notre Dame: University of Notre Dame, 1988), 109.

적 방식으로 지키는 그리스도교 신자들이야말로 참 이스라엘이라고 내세우기 위함이었다.[16] 유월절 서사와 규례를 주제로 카이사레아의 회당과 교회 간 ―그리고, 그사이 로마 교회와 카이사레아 교회 간― 활발하게 오고 간 변증적 대화들은 '누가 참 이스라엘인가?'라는 핵심 질문과 직결된 성경 본문으로 「출애굽기」 12장을 가리킨다.

'미드라시'와 함께 유월절 다시 읽기

'미드라시'가 히브리 성경에 대한 랍비들의 해석법과 해석물을 아우르는 총칭이라면, '메킬타'는 랍비파 전통에서 1-2세기를 거쳐 정립한 표준 성경해석법 체계를 성경의 특정 관심 구절에 적용한 해석 사례를 모아둔 '미드라시'였다. 그런 관점에서 아람어 '메킬타' 혹은, 히브리어 '미닷'을 우리말로는 "성경해석법 사례집"으로 옮길 수 있다.[17] 「출애굽기」에 대한 '메킬타' 사례집 중 가장 초기작은 2-3세기

---

16 "거룩한 성령의 불에 구워진 상태", 오리게네스, 『유월절론』 26.[-]6-27.5 (Sur la Pâque, 204-206).

17 아람어 '메킬타[מְכִילְתָּא]', 히브리어 '미닷[מִידוֹת]'은 "측량법(들)"이란 뜻이다.

해석 사례를 2세기 팔레스티나에서 활약했던 랍비 이슈마엘ⁿ 엘리사와 랍비 쉬몬ⁿ 요하이의 이름으로 각각 편집한 것이었다. 「출애굽기」 본문 범위를 12장으로 한정했을 때, 『랍비 이슈마엘 성경 해석법 사례집』에서 가장 자주, 따라서 가장 기본으로 사용된 해석 법칙은 제1법칙 '칼-바호메르'였다.[18] 이 법칙이 해석의 근거로 적용될 때마다 의례 "따라서 다음과 같이 추론하는 게 합당하다." 혹은 "따라서 다음과 같이 추론하는 것은 합당치 못하다." 같은 문구가 뒤따른다. 이러한 관용구는 '메킬타/미닷'의 제1법칙이 그렇듯이 이 기본 법칙에서 파생된 다른 모든 법칙이 지향하는 목적이 합리적 추론이었음을 암시한다.[19] 성전의 부재로 모세 율법에 따라 더 이상 제사 드릴 수 없는 시대에도 유월절 제사와 규례를 지키려 할 때 필요한 것은 창의적이면서도 합리적인 추론이었다.

"가벼운, 사소한"이란 뜻의 히브리어 '칼'과 "무거운, 중

---

18 편의상, 이 문헌을 『랍비 이슈마엘 사례집』이라고 간략하게 부른다.

19 Jacob Lauterbach, "Introduction," *Mekhilta de-Rabbi Ishmael* (Philadelphia: Jewish Publication Society of America, 1976), xvii.

요한"이란 뜻의 '바호메르'의 조합으로 이루어진 제1법칙
은 두 비교 대상을 사소한 하위[下位]와 중요한 상위[上位]로 비
교, 판별한 뒤에 상위를 참고삼아 하위가 따라야 할 바를
추론하는 방식이었다.[20] 제1법칙과 나머지 파생 법칙이 성
립하는 기본 원리는 '알레고리아'와 마찬가지로 비교와 병
치였다. 예를 들어 제1'칼-바호메르' 법칙에 근거해 「출애
굽기」 12장 23절, "여호와께서 ⋯ 문설주의 피를 보시면 여
호와께서 그 문을 넘으시고⋯"라는 구절을 해석할 때, 『랍
비 이슈마엘 사례집』은 어린양의 "피"와 피가 발라진 "문설
주"를 비교하여 피를 하위 '칼'로 그리고 문설주를 상위 '바
호메르'로 병치한다. 왜냐하면 어린양의 피가 지닌 효력
은 첫 유월절의 하룻밤만 하나님의 백성을 보호할 수 있었
던 반면, 「신명기」 6장 4-9절과 11장 13-20절의 명령에 따
라 '쉐마' 문구를 새겨놓은 문설주 곧 '메주자'는 열 번이나
반복된 하나님의 이름 덕분에 그 효력이 여전히 그리고 영
원히 살아있기 때문이다.[21] 제1법칙을 적용한 추론의 결과

---

20 '칼', קל. '바호메르', וחומר.

21 『랍비 이슈마엘 사례집』 11.100-103. 두 본문을 합쳐서 '여호
와'는 7번, '엘로힘'은 3번 기록되어 있다.

유월절은 어린양의 피가 흐르는 성전 없이도 하나님의 이름이 새겨진 문설주 아래에서 영원히 지킬 수 있는 규례가 되었다. 그렇다면 예루살렘 성전이 아니어도 첫 유월절 때처럼 가정집에서도 유월절을 지킬 수 있다는 합리적 추론도 가능했다.

『랍비 이슈마엘 사례집』에서 '메주자' 문설주 외에 유월절 첫 어린양의 피를 비교한 추가 대상은 이삭의 피였다. "여호와께서 … 문설주의 피를 보시면…"이란 구절로부터 "하나님께서 보신 피가 누구의 피였는가?"라 묻고는 「출애굽기」 12장 본문 옆에 「창세기」 22장 8-10절과 「역대기상」 21장 15절을 비교하고 병치하는 과정을 거쳐 답을 추론해 나간다. 그 끝에 하나님께서 첫 유월절 밤에 문설주에뿐만 아니라 다윗 왕 시대 때 오르난의 타작마당에서 보고 재앙을 멈추신 피는 다름 아닌 아브라함이 하나님의 산에서 "이삭을 제물로 바칠 때 흘린 피"였다고 추론한다.[22] 비록 제1법칙을 적용한다고 직접 명시하지 않았지만, 어린양의

---

22 『랍비 이슈마엘 사례집』 11.94-95. 유사 구절인 「출애굽기」 12장 13절에 대한 추론에서도 "이삭을 제물로 바칠 때 흘린 피"였음을 그대로 반복 강조한다(참고, 「랍비 이슈마엘 사례집」 7.70-77).

피와 이삭의 피를 그때만 잠시 유효하기에 '칼' 하위와 영구적으로 유효하기에 '바호메르' 상위로 비교하고 병치하는 과정을 통해 추론에 이르는 방식은 그 자체로 제1기본 법칙을 암시한다.

그런데 「창세기」 22장에서 이삭이 피를 흘렸다고 확실하게 말하는 부분이 어디 있는가? 이삭의 피 흘림 역시 랍비들이 비교와 병치를 통해 도달한 추론을 기정사실로 받아들인 사례였다. 2세기 초에 활동한 랍비 예슈아 벤 하나니야는 아브라함의 칼이 이삭의 몸을 긋자 "1/4 '록'만큼의 피약 75ml가" 흘렸다며 구체적인 출혈량까지 제시했다. 랍비 예슈아가 비교 참고한 출처는 최소 이만큼 양의 피를 흘린 사람부터 죽어 부정결한 상태에 이른 자라고 판단할 수 있다고 정해놓은 구전 율법집 곧 『미슈나』였다.[23] 이삭이 최소 출혈량만큼 흘렸을 것이라는 추론은 그가 정결법상 죽은 자가 되어 하나님께 완전한 제물로 바쳐졌으나 동시에 -혹

---

23 『랍비 시몬 사례집』 2.2.2. '록'은 액체를 측량하는 히브리 성경의 단위로 1 '록'은 대략 0.3 리터이다(참고, 레 14:10-15, 21-24). 『미슈나』는 마지막 '탄나임'이자 카이사레아에서 제자를 길렀던 랍비 예후다가 200년경에 선대 랍비들의 구전 율법을 63개 항목으로 정리하여 6권의 책으로 편찬한 모음집이다.

은, 그러므로- 실상 죽지 않고 생명을 보존 받아 하나님 앞에서 정결한 자로 인정받았다는 이중 의미를 내포한다. 랍비 예슈아는 계속해서 「창세기」 22장 8-10절과 「시편」 79편 11절을 병치하여 하나님의 산에서 죽었으나 (되)살아난 아브라함의 아들 이삭을 같은 성전산에서 "죽이기로 정해진" 자들이면서 "주의 크신 능력을 따라" 보존된 아브라함의 자손들과 비교했다.[24] 성전의 파괴와 부재 때문에 70년부터 지금까지 영원한 규례로 정해진 유월절 제사를 드리지 못함으로 말미암아 부정결해진 '칼'된 자손들이라 할지라도 여전히 거룩한 하나님의 백성으로 보존된 비결은 그보다 훨씬 오래전 성전산에서 '바호메르'된 아브라함의 순종으로 이삭이 흘린 "1/4 '록'만큼의 피" 덕분이었다.

이삭의 출혈과 관련해 『랍비 이슈마엘 사례집』에서 출처를 밝히지 않고 참고한 구전 율법집 『미슈나』의 판례와 더불어 랍비 예슈아의 적용례를 자세히 보충 소개한 '메킬타 미드라시'는 후대작인 『랍비 이슈마엘 성경 해석법 사

---

24 『랍비 시몬 사례집』 2.2.2. 「시편」 79편은 유대교 전통에서 계파를 막론하고 BC 586년과 70년에 발생한 성전 파괴와 예루살렘 멸망에 대해 탄식하는 시가로 수용되었다.

례집』이었다.[25] 성전 부재의 시대에도 여전히 유월절을 지킬 수 있는 비결이 이삭의 피 때문임을 강조하고자 『랍비 시몬 사례집』은-이삭의 피보다 못한-유월절 어린양의 피를 그 고기와 추가 비교한다. 그리고 「출애굽기」 12장 14절과 「레위기」 16장 15절을 병치하는 과정을 거쳐 고기보다 피가 훨씬 더 중요하다는 추론에 도달한다.

> 어린양의 고기를 먹지 않으면 유월절 규례가 충족되지 않았다고 생각하는 사람이 있을지 모르겠다. 하지만 "너희는 이 날을 … 영원한 규례로 대대로 지킬지니라."[출 12:14]라고 성경에 기록되었고 그 후에 "그 피를 … 뿌릴지니[라]."[레 16:15]라고 기록되었다. 「레위기」 본문이 말하는 [속죄] 제사가 고기 취식이 아니라 피 뿌림으로 충족되듯이, 「출애굽기」 본문이 말하는 [유월절] 제사도 그 고기가 아니라 그 피로 충족된다.[26]

---

25 편의상, 이 문헌을 『랍비 시몬 사례집』이라고 간략하게 부른다. 보충된 내용뿐만 아니라 보다 세련된 형식미를 갖추었다는 점에서 『랍비 시몬 사례집』을 『랍비 이슈마엘 사례집』의 개정 증보판이라고 보는 연구 견해가 있다. 참고, David Nelson, "Introduction," *Mekhilta de-Rabbi Shimon bar* Yohai (Philadelphia: Jewish Publication Society, 2006), xxv.

26 『랍비 시몬 사례집』 9.5.6.

「창세기」 22장의 이삭 제사, 「레위기」 16장의 속죄 제사 그리고 「출애굽기」 12장의 유월절 제사가 각각의 구술이라면, 이들을 하나로 꿰는 추론의 실은 역시 제1 '칼-바호메르' 법칙이었다. 먼저 「출애굽기」 본문의 제사와 「레위기」 본문의 제사를 비교해서 유월절 제사를 하위 '칼'로 반면에 속죄 제사를 상위 '바호메르'로 병치한다. 상위 속죄 제사가 충족되는 요건이 피 뿌림이라면 하위 유월절 제사가 충족되는 요건 역시 고기 취식이 아닌 피 뿌림이다. 게다가 상위 「레위기」의 속죄 제사보다 최상위인 「창세기」의 이삭 제사 역시 "1/4 '록'만큼의 피"를 뿌린 제사이므로, 최하위를 차지하는 「출애굽기」의 유월절 제사가 피 뿌림으로 충족되어야 한다는 추론은 더욱 확실해진다.

『랍비 시몬 사례집』은 어린양의 고기를 추가로 격하시키는 추론 과정을 통해 피 뿌림을 추가로 격상시킨다. "이 날을 … 영원한 규례로 대대로 지킬지니라."라고 기록된 「출애굽기」 12장 14절을 "그 밤에 그 고기를 불에 구워 무교병과 쓴 나물과 아울러 먹[어라]."라고 기록된 12장 8절과 비교, 병치한다. 그리고 B.C. 1세기 바리새파의 대* 선생이었던 힐렐의 가르침을 인용하면서 상위 '바호메르'된 "이 날"과 "그 밤"이 단수이므로 하위 '칼' 된 세 가지 음식을 쌈 싸서 한 번에 먹든지, 아니면 세 가지 중에 하나만 먹어도 유월절 규례를 충족한 것으로 추론한다.[27]

성전 부재 시대에서 차려진 유월절 식탁에서 어린양의 고기가 사라지는 현상은 구전 율법집 『미슈나』에서도 발견된다. 「미슈나 페사힘」 10장 3절은 2-3세기 유월절 식탁 위에 올라온 음식을 모세율법에 명령되어 반드시 먹어야 할 상위 음식인 무교병과 쓴 나물과 절기를 기념하는 차원에서 선택적으로 먹는 하위 음식인 '하로셋'과 기타 음식 두 접시로 나누어 소개하는데, 어린양의 고기는 성전 시대에 먹었던 과거의 음식이었다면서 참고 사항 정도로만 언급하고 만다.[28] 『바빌로니아 탈무드』는 각자 사정에 따라 두 접시에 담을 하위 음식 목록으로 "비트와 곡식" 혹은 "생선 위에 얹은 달걀"에 이어서 "고기 음식 두 접시" 혹은 "고기 뼈와 국물"을 소개하지만, 고기의 종류는 어린양으로 지정하거나 한정하지 않는다.[29]

---

27 『랍비 시몬 사례집』 8.3.8.
28 「미슈나 페사힘」 10.3. 참고, 「팔레스타인 탈무드 페사힘」 37c; 「바빌로니아 탈무드 페사힘」 114a.
29 「바빌로니아 탈무드 페사힘」 114b.

랍비들에 따라서 유월절에 반드시 먹어야 할 상위 음식으로 격상되기도 한 것은 오히려 '하로셋'이었다.[30] 그 이유에 관해 『팔레스티나 탈무드』는 견과류와 과일을 으깨고 식초에 버무려 불그스름하고 질척하게 만든 이 음식이 "구속의 피"를 기억하도록 돕는다고 설명한다.[31] 어린양의 고기가 유월절에 반드시 먹어야 할 상위 음식인 무교병과 쓴 나물 혹은 '하로셋'보다 못한 하위 음식으로 전락해버린 성전 부재 시대에 유월절 규례를 충족하기 위해 대체 불가능한 최상위 요소가 있다면 그것은 '하로셋'을 보며 기억해야 할 "구속의 피"뿐이었다.

『랍비 이슈마엘 사례집』은 "구속의 피"가 흘러나오는 출처를 이삭보다 더 상위 세대에서 찾는다. 일례로 랍비 맛디아는 「출애굽기」 12장 옆에 언약의 피를 두고 맹세한 바에 따라 이스라엘을 구원하시겠다는 하나님의 약속을 기록한 「에스겔」 16장 6-8절과 「스가랴」 9장 11절을 비교, 병치한다. 여기서 애굽으로부터 성취된 첫 구원의 보증이

---

30 「미슈나 페사힘」 10.3. 대표적인 랍비는 사독의 아들 엘리에제르(80-110년)였다.

31 「팔레스티나 탈무드 페사힘」 37d.

되었을 뿐만 아니라 앞으로 성취될 모든 구원을 위해 영원한 보증이 될 "언약의 피"는 이삭이 태어나기도 전에 아버지 아브라함이 흘린 피, 곧 할례의 피였다.[32] 랍비 맛디아는 아브라함의 자손임을 확인받고 구원 얻기 위해 영원히 지켜야 할 의무 두 가지는 할례와 할례의 효력이 이스라엘 집단에 발휘된 첫 사건인 유월절이라고 추론했다.[33] 「출애굽기」에 대한 '미드라시' 모음집인 11-12세기 후기작 『쉐모트 라바』 역시 몸에 "아브라함의 증표"를 새기지 않은 자는 유월절에 참여할 수 없다는 「출애굽기」 12장 48절 규례를 근거로 두 제도가 짝지어 발휘하는 영원한 구원의 효력을 확인하면서도, 동시에 할례가 유월절보다 상위 '바호메르' 조건이라고 못 박는다.[34]

하위 유월절 어린양의 피가 상위 아브라함의 자손들이 흘린 할례의 피로 이미 충족되었다면, 어린양의 고기

---

32 『랍비 이슈마엘 사례집』 5.4-6. 하나님과 아브라함 사이에 할례의 언약을 맺는 장면이 담긴 「창세기」 17장은 아들 이삭에 대한 약속이 담긴 「창세기」 18장보다 앞선다.

33 『랍비 이슈마엘 사례집』 5.8-9.

34 『쉐모트[출애굽기] 라바』 19.5.

는 무교병과 쓴 나물로 대체될 수 있었다.[35] 할례받은 자들이 대체 음식을 먹으며 유월절 이야기를 기념할 수 있다면 그 장소가 반드시 성전의 도시 예루살렘일 필요는 없었다. 하나님의 이름이 여러 번 새겨진 '메주자' 문설주 아래라면 유월절은 어디서든지 지킬 수 있는 영원한 규례였다.[36] 『미슈나』를 참고하면서 『랍비 이슈마엘 사례집』과 『랍비 시몬 사례집』의 추론을 종합해보면, 하나님의 성전은 사라진 것이 아니라 오히려 예루살렘으로부터 "너희 모든 유하는 곳"[출 12:20]으로, 할례받은 아브라함의 자손들이 거하는 이 세상의 모든 집으로 확장되었을 뿐이다.[37]

2-3세기 팔레스티나의 랍비들은 표준 성경해석법 '메킬타/미닷'에 따라서 모세오경[토라]을 선지서[네비임]와 성문서

---

35 참고, Baruch Bokser, *The Origins of the Seder* (Berkeley: University of California, 1984), 97.

36 「미슈나 페사힘」 10장 5절은 식사 전에 유월절을 지키는 이유에 관해 묻고 답할 때 "유월", "무교병" 그리고 "쓴 나물"을 말하지 않으면 유월절 규례인 '세데르'가 충족되지 않는다고 명시한다. 랍비들의 관점에서 유월절 규례가 충족될 수 있는 기본 조건은 성전 제사와 특정 음식이 아니라 할례받은 자들이 정해진 순서(히. '세데르')에 따라 준비하고 말하며 먹고 마시는 행위 요소를 병치하는 상징 행위였다. 참고, Baruch Bokser, *The Origins of the Seder*, 77.

37 참고, 『랍비 시몬 사례집』 12.1.4-12.3.6.

케투빔를 비교하고 병치하는 방식을 통해 성전 부재 시대에
도 가정집에서 유월절을 영원한 규례로 지킬 수 있다는 추
론에 이르렀다. 「출애굽기」 12장 옆에 레위기와 선지서 및
시편 등을 이어 붙여 만든 길이 「창세기」에서 이삭이 제물
로 흘린 피를 지나 마침내 도달한 목적지는 아브라함이 언
약의 증표로 흘린 할례의 피였다. 팔레스티나의 랍비들은
'알레고리아'와 마찬가지로 비교와 병치를 기본 방식으로
삼는 표준 성경해석법을 다만 조상 아브라함과 그의 공로
를 가리키는 최상위 원리와 목적 아래 사용했다. 이들에게
아브라함은 창조의 목적이자 새로운 아담이었고 또한 자
손의 모든 죄를 속죄하는 대제사장이었다.[38] 다른 말로, 랍
비들에게 아브라함은 오리게네스의 성경 해석이 지향한
예수 그리스도의 대척점이었다.[39]

---

38 '창조의 목적' 참고, 『베레쉬트[창세기] 라바』 12.9.107. '새
    로운 아담' 참고, 『베레쉬트 라바』 14.6.130. '대제사장' 참고,
    『바이크라[레위기] 라바』 29.8.679.

39 참조, Reuven Kimelman, "Rabbi Yohanan and Origen on
    the Song of Songs," *Harvard Theological Review* 73.3-4
    (1980), 583-585.

모세오경 주위에 울타리 치기

'미드라시' 성경 해석의 완결점은 2-3세기 팔레스타나 랍비들이 '아모라임'으로서 자각한 소명 의식에도 나타난 다. 히브리 성경을 "부지런히 판별"하는 것과 "제자를 많 이 길러" 내는 소명의 최종 목적은 아브라함을 향한 언약 의 맹세와 아브라함의 자손을 향한 유월절 규례 및 시내 산 율법이 기록된 "모세오경 주위에 울타리" 치는 것이었 다.[40] 『랍비 이슈마엘 사례집』은 유월절 규례를 위반할 일 말의 가능성도 막아야 한다고 강조하는 맥락에서 이 문구 를 사용한다.[41] 「출애굽기」 12장 10절을 예로 들어, 유월절 고기를 "아침까지 남겨두지 말며 아침까지 남은 것은 곧 불사르라." 말씀한 규례를 위반하지 않으려면 일찌감치 전 날 "자정까지" 모든 것을 끝내는 게 안전하다며 성경에 기 록된 규례 옆에 구전 규례를 추가한다.[42] 울타리 치는 일 은 모세오경에 기록된 하나님의 상위 규례가 훼손되지 않

---

40 「미슈나 아봇」 1.1 (Danby, 100).

41 『랍비 이슈마엘 사례집』 6.36-37.

42 『랍비 이슈마엘 사례집』 6.35-36.

도록 '미드라시' 해석을 통해 하위 규례를 추론하여 추가로
지키는 행위였다.

그렇다면 히브리 성경의 선지서[네비임] 그리고 성문서[케투
빔] 역시 "여호수아와 장로들 그리고 선지자들"이 모세오경
[토라] 주위에 세운 가장 가까운 울타리라고 볼 수 있다.[43] 다
시 유월절 규례를 예로 들자면, 「출애굽기」 12장 9절은 출
애굽 세대를 향해 어린양의 고기를 "물에 삶아서 먹지 말
라."라고 명령하는 반면, 「신명기」 16장 7절은 약속의 땅으
로 들어가는 다음 세대를 향해 "삶아 먹으라."라고 명령한
다.[44] 상치된 듯한 두 명령을 비교하면서 랍비들은 왕정 시
대 백성들이 규례를 지킨 방식을 기록한 「역대기하」 35장
13절을 병치하여 "당시 아브라함의 자손들은 유월절 규례
에 따라 불로 고기를 삶아 먹었다."라고 해설한다. 랍비들

---

43 참고, James Kugel, "Early Jewish Biblical Interpretation,"
    Early Judaism: A Comprehensive Overview (Grand Rapids:
    William B. Eerdmans, 2012), 154-162.

44 개역개정 한글 성경은 "그 고기를 구워 먹고…"라고 번역
    했지만, 더 정확한 번역은 공동번역처럼 "그 고기를 그것을
    삶아 먹고…"이다. 삶는 방식은 성전 제물을 요리하는 표준
    방식이었다. 참고, *The Jewish Study Bible* (Oxford: Oxford
    University Press, 2004), 401).

의 판단에 「역대기하」 구절은 시대에 따라 다양해서 때론 상치되어 보이는 모세의 규례를 하나로 연결하려고 보강한 울타리였다.[45]

'미드라시'가 모세오경을 중심으로 선지서와 성문서 바깥 둘레에 -시대와 상황에 따라- 추가로 울타리를 둘러 세워 나가는 작업이라면, 팔레스티나의 랍비들은 필연적으로 단수單數 해석이 아닌 다수多數 해석을 추구했다.『랍비 이슈마엘 사례집』에서 가장 흔히 반복되는 관용구가 "다른 해석에 따르면…"이듯이, 다수 해석의 추구는 '미드라시'에 나타난 "가장 흔한 특징이자 가장 진부한 정형"이기에 결국 '미드라시' 그 자체가 되었다.[46]

다수 해석이 필요하다는 면에서 랍비들은 히브리 성경을 "그 성질이 근본적으로 비밀스러운"의 텍스트로 여겼다. 동시에, 다수 해석을 통해 "저마다 다른 시대를 살아가는 독자에게 교훈"을 준다는 면에서 히브리 성경을 "그 성질이

---

45 「바빌로니아 탈무드 페사힘」 7.1.74a-75b. 참고, Benjamin Sommer, "Inner-Biblical Interpretation," *The Jewish Study Bible* (Oxford: Oxford University Press, 2004), 1833.

46 David Stern, "Midrash and Indeterminacy," *Critical Inquiry* 15.1 (1988), 137.

본질적으로 신성한" 텍스트로 받들었다.[47] 랍비 이슈마엘의 가르침에 따르면, 이 난해하고 신성한 텍스트는 수많은 서사와 율례를 담고 있지만 시내산에서 모세를 향해 말씀하셨던 "하나님의 절대 음성"과 본래 하나이다.[48] 망치질에 바위가 여러 조각으로 갈라지듯이, 하나님의 절대 음성에 모세오경이 여러 조각으로 갈라져 히브리 성경이 되었다.[49] 그렇다면 히브리 성경의 일점과 일획이라도 그 안에 하나님의 신성한 의도를 담고 있다.[50] 그 의도를 밝히는 유일한 방법은 쪼개진 조각을 모아 다시 합치는 방법이었다.

'미드라시' 성경 해석은 히브리 성경의 일점부터 일획까지, 율례부터 서사까지 그리고 이 책부터 저 책까지 -때로는 상치되어 보일지라도- 비교와 병치를 통해 하나로 연결해 나가는 일련의 건축 행위였다. 랍비들은 모세를 포함해 성경의 선지자들과 끝없는 대화를 주고받으며 그리

47 James Kugel, *How to Read the Bible: A Guide to Scripture, Then and Now* (New York: Free Press, 2007), 14-16.

48 『랍비 이슈마엘 사례집』 4.102-112.

49 「바빌로니아 탈무드 산헤드린」 34a.

50 참고, James Kugel, *The Idea of Biblical Poetry* (New Haven: Yale University Press, 1981), 104.

고 앞서 이들과 대화한 선대 랍비들과 끝없는 대화를 주고 받으며 히브리 성경을 이루는 텍스트 요소들을 재구성했다.[51] 그렇게 텍스트를 재구성해 지어 올린 건축물은 하나님의 음성이 내리치는 성전이었다.[52] 이 성전은 예루살렘에 세워졌던 성전과 다르게 성경 텍스트가 있는 곳이라면 어디든지 세워지는 성전이었고, 돌로 지었다가 무너져 내린 성전과 다르게 텍스트로 지어 무너지지 않는 영원한 성전이었다. 모세오경은 이 텍스트 성전의 지성소였고, 선지서와 성문서는 성소였으며, '미드라시'는 그리스도교 신자들 같은 외부자로부터 성전을 보호하는 울타리였다. 그러나 참 아브라함의 자손들에게 이 울타리는 지성소를 향해 열린 길이 되었다.[53]

---

51 참고, David Stern, "Midrash and Indeterminacy," 153.

52 참고, Daniel Boyarin, *Intertextuality and the Reading of Midrash* (Bloomington: Indiana University Press, 1990), 26; David Stern, "Midrash and Jewish Interpretation," *The Jewish Study Bible* (Oxford: Oxford University Press, 2004), 1863; Rivka Kern-Ulmer, "Hermeneutics, Techniques of Rabbinic Exegesis," *Encyclopedia of Midrash* (Leiden: Brill, 2005), 946.

53 알렉산드리아에서 거주할 당시 오리게네스는 팔레스티나 랍비의 아들로부터 히브리 성경을 수많은 방을 지닌 대저택(왕궁, 혹은 성전?)과 비교하는 이야기를 전해 듣는다. 랍비 아

2-3세기 팔레스티나의 랍비들은 새 성전의 건축가들이자, 대제사장 아브라함을 모신 제사장들이었다. 새 성전으로부터 말씀하시는 하나님의 음성을 오늘 살아가는 상황에서 새롭게 듣는 것이야말로 랍비들이 '미드라시'를 통해 추구한 궁극의 목적이었다.[54] 랍비들이 듣고 싶어 한 궁극의 복음은 자신을 '하나님의 아들' 곧 참 이스라엘로 인정하는 하나님의 웃음소리였다.

> 랍비 나단이 엘리야 선지자를 만난 자리에서 물었다.
>> 랍비들이 모세오경을 두고 대화에 대화를 이어가고 있던 시간에 거룩한 자께서는 -그를 송축할지어다 무얼 하고 계셨습니까?
> 그러자 엘리야 선지자가 답했다.
>> 거룩한 자께서는 "내 아들들이 나를 이겼다, 내 아들들이 나를 이겼다." 하시며 기뻐 웃으셨다네.[55]

_____

들에 따르면, 성경 해석은 잠겨 있는 각 방에 맞는 열쇠를 일일이 맞춰가며 찾아 문을 열고 그 안에 감춰져 있는 보화를 누리는, 고되면서도 큰 보상이 뒤따르는 수고이다. 오리게네스는 『시편 주석』 서문에서 이 일화를 소개하면서, 랍비 성경해석학을 "아름다운 전통"이라며 긍정 평가했다(SC 302, 244.1-10).

54 참고, Yaakov Elman, "Classical Rabbinic Interpretation," 1861.

55 「바빌로니아 탈무드 바바 메지아」 59b.

2세기 랍비 시몬ᵇᵉⁿ 아자이은 화롯불을 피워 추위를 견디던 어느 날 밤에 불꽃 사이로 하나님의 음성을 듣는다. 모세오경을 읽고 해석해 나가던 중 어느 때부터인가 자기 음성에 따라 화롯불이 일어나 춤추고 있던 현상을 인식한다. 해석의 결론을 읊조릴 때 랍비 시몬은 시내산에서 불길 가운데 모세에게 말씀하셨던 하나님의 음성을참고, 신 4:12 눈앞 화롯불 가운데 듣고서 황홀경에 빠진다. 그날 밤 랍비는 "모세오경의 글들을 서로 이어 붙이고, 그다음 선지서의 글들과 이어 붙이며, 계속해서 선지서의 글들을 성문서의 글들과 이어 붙인" 길을 따라 시내산에 올랐다.[56] '미드라시'는 텍스트 상징을 서로 "연결"하여 하나님의 임재에 "도달"하는 상징 행위이자 드라마였다.[57]

문자적 비유 해석

상징 드라마를 이끌어가는 행위라는 점에서 '미드라시'는 비교와 병치를 통해 비밀스러운 텍스트를 해석하는 일

---

56 『쉬르 하쉬림[애가] 라바』 1.10.2.
57 『쉬르 하쉬림 라바』 1.10.1.

종의 '알레고리아' 비유 해석이었다. 다만 플로티노스, 포르피리오스 그리고 이암블리코스 같은 암모니오스의 주류 제자들이 사용한 후기 플라톤 전통의 것이나, 혹은 비주류 제자 오리게네스가 사용한 그리스도교 전통의 것과 다른 유형의 비유 해석이었다.[58] '미드라시'는 비교와 병치라는 보편 도구를 사용한다는 점에서 비유 해석을 사용하는 다른 전통과 유사하되, '미닷'이라는 차별화된 설계 원리에 따라 성전을 짓는다는 점에서 다른 전통과 구별된다. 텍스트 상징에 비유 해석을 적용하는 모든 전통이 마주했던 질문은 "왜 이것과 저것을 병치해야 하는가? 왜 이것과 저것을 병치하면 안 되는가?"였다.[59] 이 공통 질문에 대해 '영적 해석'이 오리게네스가 속한 그리스도교 전통이 내놓은 대답이었다면 '미드라시'는 랍비 전통이 내놓은 대답이었다.

'알레고리아' 비유 해석이 텍스트 상징 조각을 모으고 연결하여 세우는 건축 행위라면 이는 신적 계시가 상징으로 쪼개진 과정의 역변이었다. 달리 말하자면, 해석자가

---

58   참고, David Stern, "Midrash and Jewish Interpretation", 1866-1871.

59   Jacob Neusner, *Symbol and Theology in Early Judaism* (Minneapolis: Fortress Press, 1991), 14.

텍스트를 통해 신적 계시에 도달하는 후결 방식은 애당초 신적 계시가 텍스트로 변환된 선결 방식에 따라 결정된다. 팔레스티나 랍비들은 하나님의 절대 음성이 점과 획과 글자와 구절과 책으로 쪼개어져 히브리 성경이 되었다고 믿었고, 따라서 히브리 성경에 찍힌 일점이라도 버리지 않고 중요한 건축 재료로 사용하되 오로지 히브리 성경 안에 저장된 문자 재료만 사용해 텍스트 성전을 지었다.[60] 이 과정에서 선대 및 동시대 건축가들과 주고받은 대화와 추론을 추가 비교하고 병치하면서 팔레스티나 랍비들은 성전 주변에 울타리를 세우고 그 경계를 넓혀 나갔다. 팔레스티나의 랍비들은 '미드라시'를 활용해 이방 로마인들에게 빼앗긴 거룩한 약속의 땅을 대체하면서 끝없이 확장 가능하면서도 이방인들이 침입하지 못하는 "저 너머 세계" 곧 모세 오경토라 왕국을 건설하고자 했다.[61]

---

60 참고, Daniel Boyarin, *Intertextuality and the Reading of Midrash*, 110; Rivka Kern-Ulmer, "Theological Foundations of Rabbinic Exegesis", 954.

61 Roger Brooks, "Straw Dogs and Scholarly Ecumenism" *Origen of Alexandria* (Notre Dame: University of Notre Dame, 1988), 84-85.

오리게네스는 알렉산드리아 시절부터 '미드라시'를 "아름다운 전통"이라 여겼고, 카이사레아로 이주한 이후에도 일대일로 만난 자리에서 팔레스티나의 랍비들이 들려주는 해석적 견해를 주의 깊게 듣고 일부는 자기 주석에 반영하는 등 변함없이 존경 어린 자세를 이어 나갔다.[62] 하지만, 랍비들과 대면한 공개 토론 현장이나 예비신자들을 교육하는 교회 모임에서는 '미드라시'를 "문자적 해석"이라고 일축하며 일관된 자세로 깎아내렸다. 오리게네스의 이율배반적 자세는 교회를 대표하는 선생으로서 짊어졌던 공적 책임감과 성경 해석가로서 감출 수 없었던 사적 호기심 사이에서 외줄타기하듯 좌우로 흔들리며 균형을 잡아야 했던 그의 입장을 반추한다.[63] 성경 해석 자체를 놓고 따져

---

62 "아름다운 전통", 오리게네스, 『시편 주석』 서문 (SC 302, 244.1-10).

63 어떤 연구자들은 오리게네스가 랍비들과 교류한 것은 사실이지만, 그들의 성경 해석에 대한 이해의 깊이가 얕은 채 그저 그리스도교 전통의 평가를 따라 "문자적 해석"이라고 단정 지었다고 본다. 참고, Roger Brooks, "Straw Dogs and Scholarly Ecumenism," 92. 반면, 다른 연구자들은 오리게네스가 교회의 대표된 자격으로 발언할 때는 "문자적 해석"이라는 전통적 표현을 사용해서 랍비들의 성경 해석을 평가절하했지만, 학자로서 연구 교류할 때는 그 깊이를 존중했다고 본다. 참고, Paul Blowers, "Origen, the Rabbis, and

보면 오리게네스의 상반된 평가는 랍비들의 성경 해석 안에 성경을 텍스트 상징으로 이해하고 '알레고리아' 비유 해석을 적용하는 자신의 것과 공명하는 부분과 그렇지 않은 부분이 공존했음을 시사한다.[64] 오리게네스는 랍비들의 성경 해석에서 공명하는 부분은 인정하고 그렇지 않은 부분은 거부하는 차별적 수용을 통해 -『유월절론』이 보여주듯이- 궁극적으로는 자신이 속한 그리스도교 해석 전통을 수정하면서 랍비 유대교 전통과 경쟁에서 비교우위를 차지하려 했다.

교회의 영적 해석보다 저급하다는 의도를 나타내려 오리게네스가 사용한 "문자적 해석"이라는 평가는 -그리스도교 전통이 다양한 유대교 전통을 싸잡아 깎아내리려 의례 사용해온- 수사적 표현을 넘어선, 현장 경험과 분석을 바탕으로 내린 실제적이고 유효한 평가였다. 오리게네스의 관점에서 보면, 회당의 랍비들도 그 자신처럼 비교와 병치를 통해 구약 성경을 연결된 완전체로 세워나가긴 마

---

the Bible," 109; Reuven Kimelman, "Rabbi Yohanan and Origen on the Song of Songs," 573.

64 참고, Paul Blowers, "Origen, the Rabbis, and the Bible," 115 n. 89.

찬가지였다. 하지만 랍비들은 그와 다르게 구약 성경보다 높은 영적 계시를 담은 신약 성경과 영적 계시 자체인 '로고스' 그리스도를 배제하고 오로지 구약 성경의 점, 획, 구절 같은 '문자적' 요소만을 사용해 성전과 울타리를 지으려 했다. '로고스' 그리스도 대신 조상 아브라함을 완결점된 머리로 삼아 문자적 요소들을 하나의 완전체로 연결하는 랍비들의 비유 해석 '미드라시'는 오리게네스의 판단에 문자적^{혹은, 육적} 방식에 지나지 않았다. 오리게네스에게 최상위 '바호메르'는 아브라함의 창조자이자, 아브라함 언약의 완결자이며, 가장 높은 하늘에서 이 땅에 오셨다가 부활 승천하신 '로고스' 그리스도였다. 모든 구약 성경에 기록된 바가 '로고스' 그리스도에 관한 것이라면[참고, 눅 24:27, 44] 그리스도를 완결점으로 지향하는 해석만이 영적 해석이며, 그렇지 않은 모든 해석은 문자적 해석에 지나지 않았다. 오리게네스에게 팔레스티나 랍비들의 '미드라시'는 '알레고리아' 비유 해석이되 다만 문자적 원리와 방식으로만 이루어지는 '칼' 하위의 비유 해석이었다.

5장. 상징의 공동체

325년 니케아에서 열린 공의회에 참석한 주교들은 보편
교회가 성경에 근거해 믿는 바를 요약해 신경信經, creed으로
성문화했다. 주교들은 성경 외에도 팔레스티나 카이사레
아 교회에서 세례를 베풀기 직전 후보자의 신앙을 공개적
으로 묻고 답하는 데 사용했던 세례 문답문 역시 참고 자
료로 활용했다. 1세기 간단한 형태의 신앙고백이 2-3세기
세례 문답문 형태를 거쳐 4세기 신경으로 발전하는 과정
에서 언제나 변함없는 원출처 자료는 성경이었다.[1] 니케아

---

1 1세기 간단한 신앙고백에 관한 참고, 고전 15:3-8, 롬 1:3-4,

공의회는 성문 신경의 헬라어 원표제를 「심볼론 테스 니카이아스」로 정했다.[2] 세례 문답문을 참고하여 성경 전체가 가르친다고 믿는 바를 요약한 신경을 공의회는 '심볼론' 즉 상징으로 규정했다. 4세기에 등장한 신경은 성례와 더불어서 -오리게네스의 표현을 빌자면- 성경으로부터 넘쳐 흘러 나온 "셀 수 없이 많은 상징"의 하나였다.[3]

니케아 신경은 381년 콘스탄티노폴리스 공의회를 거치며 표제만 「니케아 신경」에서 「니케아-콘스탄티노폴리스 신경」으로 개정된 것이 아니라 신앙고백 내용의 양질 모두 두터워지는 방향으로 개정되었다. 유아 세례가 보편화된 5세기 후반기부터 개정 신경은 -유아는 아직 신앙을 스스로 고백할 수 없는 상태이기 때문에- 세례가 아닌 성찬례 앞으로 그 위치와 순서가 점차 바뀌기 시작했다.[4] 6세

갈 4:4-7, 빌 2:6-11. 2세기 로마 교회의 세례문답문에 관한 참고, 순교자 유스티누스, 『제1 변증서』 61; 히폴리투스, 『사도 전통』. 관련 참고, Jean Daniélou, *The Bible and the Liturgy* (Notre Dame: University of Notre Dame, 1956), 163, 168-169.

2　「심볼론 테스 니카이아스」, Σύμβολον τῆς Νικαίας.

3　오리게네스, 『켈수스 논박』 4.31 (SC 136, 262.27-31, 47-48).

4　참고, Jaroslav Pelikan, *Credo: Historical and Theological Guide to Creeds and Confessions of Faith in the Christian Tradition*

기부터 개정 신경은 음률이 붙은 회중 찬송으로 그 형식마저 발전했다. 그리스[헬라] 교회 전통은 주기도문과 성찬 사이에 회중 찬송으로 신경을 고백했다.[5] 이 시기 '아레오파고스의 디오니시오스'라는 가명으로 집필 활동했던 그리스도교 사상가는 신경을 일컬어 "하나님께서 우리에게 주신 모든 복된 선물을 요약한 찬송"이라고 의미 부여하면서, 예배자를 하나님의 임재로 가까이 인도하는 "찬미의 상징"으로 드높였다.[6]

그리스 교회들처럼 '니케아-콘스탄티노폴리스' 신경 상징을 한목소리로 찬송부르며 주기도문 후에 성찬 상징을 받기로 결의한 자들은 589년 스페인 톨레도에서 3차 지역 공의회로 모인 스페인과 프랑스 지역 교회의 주교들이었다.[7] 그런데 이들은 자신들의 전통 언어로 찬송부르고자 헬라어 신경을 라틴어로 번역했고, 그 과정에서 원본에

(New Haven: Yale University Press, 2006), 179.

5 참고, Jaroslav Pelikan, *Credo*, 180.

6 (위) 디오니시오스, 『교회의 위계』 3.3.7 (CWS, 217-218). 참고, Luke Johnson, *The Creed : What Christians Believe and Why It Matters* (New York: Doubleday, 2003), viii.

7 공의회 의결 법령 참고, J.N.D. Kelly, *Early Christian Creeds* (New York: David McKay, 1972), 351

없던 신학 용어와 개념을 추가했다. 성자의 완전한 신성을 보다 더 확실하게 강조해야 할 상황과 필요를 인식한 라틴 전통의 주교들은 5세기 초반 북아프리카 히포의 주교 아우구스티누스[354-430년]가 사용한 라틴어 표현인 '필리오케'*filioque*를 추가해 원 구절 "성령은 성부에게서 발하시고…"를 "성령은 성부에게서 '그리고 성자에게서' 발하시고…"로 개정했다.[8] 809년 신성로마제국[독일]의 영토 아헨에서 열린 지역 공의회에서 -스페인과 프랑스 지역에 이어- 독일 지역 교회들도 라틴어역 개정 신경을 공식 수용하면서 '필리오케'는 그리스 전통으로부터 라틴 전통을 구별하는 고유한 상징의 일부가 되었다.[9]

신경 고백에 이어 성례 참여가 뒤따라오는 예배 순서 덕분에 신경 상징의 발전은 성례 상징의 확장에도 영향

---

8 아우구스티누스, 『삼위일체론』 4.5.29 (WSA 5, 174): "성령이 성부뿐 아니라 또한 성자로부터 발하셨다고 말하지 못할이유가 없다. 그렇지 않고서야 성령을 성부와 성자의 영이라고 성경이 가르치고 있을 리 없다." 참고, J. N. D. Kelly, *Early Christian Doctrines* (San Francisco: Harper and Row, 1978), 275.

9 참고, Stanley Grenz, *Theology for the community of God* (Grand Rapids: William B. Eerdmans Publishing Company, 2000), 62-63; Jaroslav Pelikan, *Credo*, 181.

을 미쳤다. 4세기 예루살렘의 주교 키릴로스[313-386년]와 밀란의 주교 암브로시우스[337-397년]가 편찬한 입교 지도 자료집에 따르면, 이들이 각각 속했던 그리스 교회와 라틴 교회 전통 모두 그리스도교에 입교하는 자에게 '세례'와 '성찬례' 2종이 아닌 '견진 성례'가 추가된 3종을 베풀었다.[10] 6세기에 그리스 전통에 속한 지역 교회들이 인정하고 베푼 성례 상징은 입교 성례 3종 외에 '성직 성례'와 '독신 성례' 그리고 '혼인 성례'까지 포함해 최대 6종에 이르렀다.[11] 라틴 교회 전통이 1203년 라테란 공의회를 통해 7종 성례를 공식화하기 이전까지 성례 상징의 종류와 위계는 서방의 라틴과 그리스 전통 그리고 동방의 콥틱과 시리아 전통에 따라서, 그리고 각 언어 전통 내부에서도 지역에 따라서 세례와 성찬례를 중심으로 실상 다양했다.[12]

---

10 Jean Daniélou, *The Bible and the Liturgy*, 12-13.

11 Jean Daniélou, *The Bible and the Liturgy*, 15-16.

12 시리아 교회 전통은 13세기에 활발하게 이루어진 라틴 교회 전통과 교류를 계기로 이전까지 시대별로 지역별로 다양했던 성례 상징을 7종으로 공식화해서 오늘날까지 지키고 있다. 다만, 성례의 종류는 부분적으로 라틴 전통의 것과 차별화했다. 참고, 곽계일, 『동방수도사 서유기 + 그리스도교 동유기』 (감은사, 2021), 265-267.

성경 해석과 더불어 성례와 신경의 발전은 곧 예배의 발전을 의미했다. 초기 교회가 속한 전통에서 정한 순서에 따라 그리스도교의 상징인 성경과 성례와 신경을 서로 비교하여 병치하는 시공간은 예배였다.[13] 초기 교회의 예배는 하나님의 백성들이 예수 그리스도가 인도하시는 차례대로 성경 상징을 읽고 들으며, 신경 상징을 노래로 고백하고, 성찬 상징을 먹고 마심으로써 하나님과 거룩한 연합에 이르는 한편의 상징 드라마였다. 예배 중심에 성경 해석과 선포 행위를 놓는 보편적인 순서는 초기 교회가 성경을 최고 상징으로 인정하고 수용했음을 증거한다. 성경을 하나님의 '비밀'아이니그마을 담고 있는 텍스트 '상징'심볼론으로 이해한 오리게네스는 그에 적합한 '비유'알레고리아 해석 방법론을 3세기에 정립함으로써 4세기부터 그리스도교 전통이 성경으로부터 "셀 수 없이 많은 상징"을 받아 누리는 전기를 마련했다. 오리게네스는 상징의 시대를 향해 그리스도교 전통의 문을 열어젖힌 선구적 교부였다.

1-3세기 지중해 문명사회를 상징의 시대로 이끌었던

---

13 참고, Gordon Lathrop, *Holy Things: A Liturgical Theology* (Minneapolis: Fortress Press, 1998), 5-11.

3대 용어가 '심볼론'상징, '아이니그마'비밀, 그리고 '알레고리아'비유였다면, 이들을 중심으로 형성된 친족 용어계에서 '투포스'모형는 '알레고리아'비유에 속한 해석 용어였다.[14] 모세가 시내산에서 받은 성막 모형이 공사 기간을 거쳐 더 크고 좋은 실물로 완성되었듯이, 또한 구약시대 모세가 받은 율법이라는 모형이 신약시대 성령의 법으로 완성되듯이, 초기 그리스도교 전통에서 '투포스'는 시간을 기준으로 이전 것과 이후 것을 비교, 병치하는 일종의 '알레고리아'였다.[15] 1세기 사도 바울은 "시간의 흐름"에 따라 과거 아브라함의 아내를 장차 완성될 새 언약과 비교, 병치하는 「갈라디아」 4장의 문맥에서 '투포스' 대신 '알레고리아'를 사용했다.[16] 3세기 오리게네스 역시 시간 요소가 비교와 병치를 위한 기본 바탕이 되는 상황에서 어떤 때는 '알레고리

---

14 '심볼론', σύμβολον. '아이니그마', αἴνιγμα. '알레고리아', ἀλληγορία. '투포스', τύπος.

15 참고, Francis Young, *Biblical Exegesis and the Formation of Christian Culture* (Cambridge: Cambridge University Press, 1997), 153-154.

16 Jon Whitman, "From the Textual to the Temporal," *New Literary History* 22.1 (1991), 162. 참고, Jon Whitman, *Allegory: The Dynamics of an Ancient and Medieval Technique* (Cambridge: Harvard University Press, 1987), 61-68.

아'를, 다른 때는 '투포스'를 교차 사용했다.[17] 5세기 라틴 교부 아우구스티누스는 사도 바울이 「갈라디아서」에서 사용한 '알레고리아'를 관념적 대상과 비교하는 "표현적 알레고리아"*allegoria in verbis*가 아니라 역사적 대상과 비교하는 "사실적 알레고리아"*allegoria in factis*로 세분화했다.[18] 초기 그리스도교 전통에서 '알레고리아'는 1세기부터 일러도 5세기까지는 '투포스'에 내포된 역사적 서사성까지 아우르는 포괄적인 해석 용어로 수용되고 사용되었다. 다르게 말하면, '알레고리아'는 '투포스'에게 역사적 서사성을 특질로 물려준 아버지 용어였다.

1세기부터 '알레고리아'와 '투포스' 사이에 형성되었던 부자 관계는 12-13세기부터 약화되기 시작하다가 18-19세기에 이르러 마침내 끊어지고 말았다. 성경의 4중 의미 '콰

---

17 참고, 오리게네스, 『켈수스 논박』 2.2 (SC 132, 284.33-34). 참고, Willem Den Boer, "Hermeneutic Problems in Early Christian Literature," *Vigiliae Christianae* 1.3 (1947), 161; Peter Martens, "Revisiting the Allegory/Typology Distinction," *Journal of Early Christian Studies* 16.3 (2008), 296-306.

18 아우구스티누스, 『삼위일체론』 15.3.15 (WSA 5, 407). 참고, Jon Whitman, "From the Textual to the Temporal," 164-167.

드리가'*quadriga*를 -4마리 말이 이끄는 마차가 아니라- 4단부로 세워진 고딕 대성당에 비교했던 토마스 아퀴나스와 생빅토르 학파가 기초에 해당하는 문자적 의미의 가치를 새삼 재 주목하기 시작한 이후로 14세기 르네상스 운동과 16세기 종교개혁 운동은 문자적 의미의 추구를 온전한 성경 해석 그 자체로 환원해 나갔다.[19] 라틴 전통에서 기원한 개신 교회는 로마 가톨릭 교회가 성경에서 4중 의미를 유추하려고 사용해온 '알레고리아' 해석 방식과 단호하게 결별한 뒤 "역사와 문자와 문법에 철저한" 대안 방식을 일관되고 점진되게 찾아나갔다.[20]

그러다 17-18세기 계몽주의 시대에 이르자 라틴 개신교 전통이 한 손에 종교개혁가들이 견지했던 하나님 한 분의 말씀으로서 성경이 지닌 통일성을 그리고 다른 손에 과학의 새로운 조명 아래 역사·문자적 성경 읽기 방식을 동시에 붙들기란 "사실상 불가능할 지경"에 이르렀다.[21] 극복

---

19 참고, Richard Muller, *Post-Reformation Reformed Dogmatics*, Vol. 2 (Grand Rapids: Baker Academics, 2003), 61.

20 Richard Muller, *Post-Reformation Reformed Dogmatics* 2, 206.

21 Richard Muller, *Post-Reformation Reformed Dogmatics* 2,

할 수 없는 간극의 문제를 인정한 어떤 이들은 성경의 통일성을 놓아버리고 성경을 고대 역사와 문화에 관한 참고 문헌으로 읽기 시작했다.[22] 반면, 끝까지 양쪽을 붙들고자 애썼던 이들은 구약시대의 모형이 신약에 역사적으로 성취되었다는 소위 '모형론'typology이라는 방식을 통해 성경을 하나의 완전체로 연결하고자 했다. 성경을 구원의 '역사' 관점으로 재해석하는 과정에서 이들은 역사적 서사성을 '투포스'의 전유물로 몰아주었고, 반면 '알레고리아'는 역사적 서사성과 전혀 상관없는 ―아우구스티누스의 표현을 빌리자면― "표현적 알레고리아"로만 전락시켰다. 그 결과 라틴 개신교 전통의 용어 사전에서 '알레고리아'는 로마 가톨릭 전통이 성경에서 의도하지 않은 교리를 유추하는 인위적 해석 방식이라는 부정적인 함의가 담긴 용어로, 반면에 '투포스'는 성경이 의도한 교리를 유추하는 합리적인 방식이라는 긍정적인 함의가 담긴 용어로 완전히 구분, 분리되

206.

22 참고, John Sandys-Wunsch, *What They Have Done to the Bible* (Collegeville: Liturgical Press, 2005), 153; James Kugel, *How to Read the Bible: A Guide to Scripture, Then and Now* (New York: Free Press, 2007), 31-32.

고 말았다.[23]

라틴 개신교 전통은 모형론적 해석 방식을 사용해 성경의 이 문자와 저 문자를 병치하여 의미를 유추하고, 이 의미와 저 의미를 병치하여 교리를 유추하며, 마침내 이 교리와 저 교리를 병치하여 '신앙고백' 혹은 '신조'라는 이름의 상징 문서로 총합했다.[24] 스위스 재세례파에서 '슐라이트하임 신앙고백'[1527년], 루터파에서 '일치 신조'[1557년], 개혁파에서 '도르트 신조'[1618년], 그리고 잉글랜드 성공회파에서 '웨스트민스터 신앙고백'[1647년] 등을 쏟아낸 16-17세기는 라틴 개신교 전통의 역사에서 폭발적인 상징의 시대였다. 이 시대를 개척하려고 개신교 전통이 필두로 내세운 것은 '알레고리아'가 아니라 '투포스'였다. 자녀 격인 '투포스'에 이

---

23 참고, Hans Frei, *The Eclipse of Biblical Narrative* (New Haven: Yale University Press, 1974), 2-24; Jon Whitman, "From the Textual to the Temporal," 161; Francis Young, *Biblical Exegesis and the Formation of Christian Culture*, 161.

24 참고, Bakhuizen Van Den Brink, "Bible and Biblical Theology in the Early Reformation," *Scottish Journal of Theology* 15 (1962), 50-65; Robert Kolb, "Teaching the Text," *Bibliothèque d'Humanisme et Renaissance* 49 (1987), 571-585; Richard Muller, *Post-Reformation Reformed Dogmatics* 2, 223; John Sandys-Wunsch, *What They Have Done to the Bible*, 253.

어서 형제 격인 '심볼론'과의 친족 관계에서도 단절된 '알레 고리아'는 1985년 발행된 『하퍼 콜린스 성경 사전』의 용어 목록에서 그 이름조차 사라져버리고 말았다.[25]

'알레고리아'를 두고 "잠시 여기저기 공중에 떠다니는 [그러다 사라지는] 의미 덩어리"를 만들어내는 해석 방식 일 뿐이라며 라틴 개신교 전통이 보여온 '알레르기' 반응은 흥미롭게도 초기 그리스도교 전통이 구약성경을 해석하는 방식을 두고 2세기 그리스 사상가 켈수스가 비웃었던 반 응과 닮아있다.[26]

> 선지서는 난해하고, 조리 없으며, 매우 모호한 말들뿐이 어서 제아무리 학식 있는 자라도 그 의미를 이해하기 힘 들다. 선지서는 무의미하고 터무니없으므로 어릿광대나 주술사 아무라도 자기 맘대로 해석할 여지를 준다.[27]

켈수스를 향한 오리게네스의 논박은 라틴 개신교 전통

---

25 참고, Robert Wilken, "How to Read the Bible," *First Things* 181 (2008), 24.

26 "잠시 여기저기 공중에 떠다니는 의미 덩어리", Hans Frei, *The Eclipse of Biblical Narrative*, 24.

27 오리게네스, 『켈수스 논박』 7.10 (SC 150, 38.28-32).

을 향해서도 '심볼론'과 공유하던 초월적 영원성 그리고 '투포스'와 공유하던 역사적 서사성을 박탈당하기 이전에 고대 '알레고리아'가 지녔던 진면모를 드러낸다.

> 오직 그리스도 안에 거하는 참된 지혜자만이 성경의 다른 본문에서 사용된 공통 용례와 비교하는 방식으로 난해한 선지서 구절의 뜻을 밝힐 수 있고, "영적인 일은 영적인 것으로 분별"[고전 2:13]하면서 성경 전체와 한 몸으로 연결하는 방식으로 난해한 선지서 본문을 해석할 수 있습니다.[28]

오리게네스에게 성경 해석이 역사·문자적 의미에서 출발하여 구원적 의미를 거쳐 영적 의미까지 이르는 순례 여정 혹은 통과의례였다면, '알레고리아'는 성경에 기록된 문자와 문자를 비교하고 병치하면서 역사로부터 예전을 거

---

28 오리게네스, 『켈수스 논박』 7.11 (SC 150, 40.17-19). 참고, 오리게네스, 『원리론』 4.3.5 (Behr, 270): "성경 해석가는 문자만 읽어서는 [예수 그리스도에 관해 무엇을 가르치는지] 이해하기 힘든 본문이라 할지라도 그 속에 담긴 참 의미를 파악하려고 노력해야 합니다. 그러려면 문자만 읽어서는 이해하기 힘든 본문을 문자로도 이해할 수 있을 뿐만 아니라 구원역사의 흐름과 자연스럽게 어울리는 다른 여러 본문과 합당하게 연결해야 합니다. 아직 일어나지 않은 영적인 일들과 짝맞추어 '비유'적으로 해석해야 합니다."

쳐 영원까지 순례의 길을 이어가는 방식이었다.[29] 하나님
의 성전으로 올라가는 이 길을 앞서 인도할 수 있는 이는
초림과 재림을 통해 하늘과 땅 사이 그리고 영원한 복음의
시대와 율법 시대 사이에 존재하는 모든 층위의 시공간 세
계를 창조하고 일체로 붙드는 '로고스' 그리스도뿐이었다.
그래서 오리게네스는 성경 해석을 통해 창조 세계의 비밀
을 깨달아 나가며 마침내 창조자의 충만한 임재에 들어갈
수 있는 "참된 지혜자"는 오직 "그리스도 안에 거하는" 제
자라고 단언했다. 오리게네스에게 교회는 텍스트 상징인
성경의 해석을 통해 주변 이웃들이 믿는 것보다 더 나은
일체의 세계관을 대안으로 제시하며 그 세계의 창조자에
게 영광 돌리는, 그리스도와 함께 상징 드라마에 참여하는
제자들의 공동체였다. 오리게네스에게 교회는 상징의 공
동체였다.

---

29 참고, Angus Fletcher, *Allegory, the Theory of a Symbolic
    Mode* (Ithaca: Cornell University Press, 1964), 358; Paul
    Ricoeur, *Interpretation Theory* (Fort Worth: Texas Christian
    University Press, 1976), 55-56.

시간을 들여 성경의 이 본문과 저 본문을 가져다 나란히 비교하면서 "영적인 일은 영적인 것으로"[고전 2:13] 이어 맞출 때 본문 속에 깊이 감춰진 수많은 비밀스러운 [구원의] 신비를 깨달을 수 있음을 유념하세요.

『창세기 강론』 제2장

성경 본문을 다시 읽고 앞서 깨달은 [구원의] 신비를 깊이 탐구하면 -거듭 말하지만, 신비를 깨닫고자 수고를 아끼지 않는다면- 언젠가 하나님의 말씀이 그 모든 신비 너머로 그대들을 들어 올려 하나님과 연합도록 하심으로 말미암아 그리스도 예수 우리 주 안에서 "한 영이"[고전 6:17] 되는 경험을 누리게 될 것입니다. 그에게 영광과 권능이 세세에 무궁하도록 있느니라, 아멘.

『창세기 강론』 제10장

부록

185년	0세	알렉산드리아 '부르케이온' 지구에서 레오니데스의 장남으로 출생
202	17	로마 황제 세베루스, 시민권 가진 그리스도교 신자들 상대로 핍박 · 부친 레오니데스 참수형 순교 · 재산 몰수 부친에 이어 고등 문학 교사로 일하며 가족 부양
203	18	성경 학당 개설
206-211	21-26	로마령 이집트 속주의 총독 아퀼라, 시민권 가진 그리스도교 신자들 상대로 핍박 · 알렉산드리아 주교 데메트리오스 및 (클레멘스 포함) 교회 교사들 피신

		· 성경 학당 제자 9명 순교 한 철학자의 학당에서 수학 　· 5년째 수학 중이던 헤라클레스를 만남 알렉산드리아 주교 데메트리오스의 귀환 　· 교회 예비신자 대상으로 입교 과정을 　　지도하는 교사직 맡음 　· 수도사처럼 살아감
212-213	27-28	로마 방문 　· 로마 교회 장로 히폴리투스와 교제 　· 히폴리투스의 저작과 권유에 자극받아 　　서 성경 연구에 전념하기로 결심 알렉산드리아로 돌아와 학당 재편 　· 헤라클레스에게 초등 교육 일임 　· 자신은 중·고등 교육에 전념 구약 성경 연구를 위한 본격적 준비 　· 팔레스티나에서 알렉산드리아로 이주 　　한 랍비의 아들로부터 히브리어 배움 　· 『헥사플라』 편찬 시작 발렌티노스파 학당에서 수학하던 암브로시 오스와 만남 　· 제자 삼아 준 수도원식 공동생활
214	29	암브로시오스의 후원으로 편찬단 꾸림 　· 속기사 7명, 필사가 7명, 서체 기술자 　　몇 명 알렉산드리아의 영지주의파 상대로 변증서 저술 　· 『부활론』 『선집』 『속성론』

216	31	로마 황제 카라칼라, 알렉산드리아의 지식인들 상대로 핍박 · 후견인 암브로시오스와 함께 팔레스티나로 피신
216-219	31-34	여리고에서 시편 히브리어 사본 구매 · 카이사레아 주교 및 예루살렘 주교와 교제 알렉산드리아 주교 데메트리오스, 집사단 보내 소환 · 암브로시오스 남겨두고 알렉산드리아로 귀환
219	34	후견인 암브로시오스의 요청에 따라 성경 주석을 편찬하기 시작 · 『요한복음 주석』, 『창세기 주석』, 『시편 주석』
229(?)	44(?)	철학자 암모니오스 사카스의 학당에서 수학
230	45	『원리론』 집필 시작 · 알렉산드리아 주교 데메트리오스와 갈등 고조
231	46	팔레스티나 카이사레아 방문 · 카이사레아 주교 테오크티스투스로부터 장로 안수 받음 그리스 방문 · 아테네에서 발렌티노스파 영지주의의 운명적 예정론에 맞서 · 칸디누스 상대로 변론

		· 투옥된 후견인 암브로시오스에게 『순교에 관한 권면』 보냄 · 로마 주교 폰티아누스와 장로 히폴리투스, 유배지에서 사망
238	53	로마 황제 막시미누스 트락스의 핍박 종식 · 『이사야 주석』, 『에스겔 주석』, 『로마서 주석』 편찬 시작 학당 교육 재개 · (1) 문법/문학, (2) 자연과학/우주학, (3) 윤리학, (4) 신학 과정으로 교육 · 앞으로 '기적자' 그레고리오스로 불리게 될 제자 테오도로스와 만남
238-244	53-59	구약성경 강론 · 카이사레아 교회의 예비신자들(그리고, 자원한 세례 신자들) 상대 · 3년 주기로 월요일부터 토요일까지 아침마다 · 강론은 속기사와 필사가를 거쳐 문서 자료화 정기 설교 · 수요일, 금요일 저녁 예배 (금식 후 성찬 예배) · 일요일 저녁 예배 구원사에서 유대인과 그리스도인 사이 관계에 초점 두고 성경 연구 · 『유월절론』 저술 · 신약 성경에 대한 주석 편찬

238-244	53-59	· 『갈라디아서 주석』, 『에베소서 주석』, 『빌립보서 주석』, 『골로새서 주석』, 『디모데전·후서 주석』, 『디도서 주석』 등
244	59	『애가 주석』 편찬 시작 니코데미아 방문 · 후견인 암브로시오스와 재회 아테네 방문 · 연구자료 수집 · 철학자 롱기노스와 대담 · 롱기노스의 제자 포르피리오스, 오리게네스 처음 대면 니코폴리스 방문 · 헬라어역 시편 사본 2종 획득 로마 방문 · 철학자 플로티노스의 학당 방문, 교제 팔레스티나 카이사레아로 귀환 · 『애가 주석』 편찬 마침 로마령 아라비아 속주의 행정 수도였던 보스라 방문 · 군주적 유일신론과 양자적 그리스도론을 지지하던 주교 베릴로스 설득 로마 주교 파비아누에게 신앙의 정통성을 변호하는 서신 보냄 알렉산드리아 방문 · 철학자 암모니오스 사카스의 사망 추도 · 주교/제자 헤라클레스와 결별 팔레스티나 카이사레아로 귀환

247	62	『마태복음 주석』 편찬 마침 소선지서 주석 편찬 시작 후견자 암브로시오스의 끈질긴 요청으로 『켈수스 논박』 저술 로마 황제 필리푸스 아라부스와 서신 교제 로마 주교 파비아누에게 신앙의 정통성을 변호하는 서신 보냄 알렉산드리아 주교 헤라클레스 사망
248	63	보스라 주교 베릴로스의 요청으로 로마령 아라비아 속주 방문 · 영혼 멸절설을 주장하는 지역 주교 헤 라클리데스 설득 팔레스티나 카이사레아로 귀환 · 『헤라클리데스와 대담집』 저술
250-251	65-66	로마 황제 데키우스, 그리스도교 신자들 상 대로 대규모 핍박(249-251년) · 투옥과 고문 견딤
254	69	석방 후 후유증으로 사망

부록 2.
참고문헌

1. 시리즈 약어

CWS	Classics of Western Spirituality
GCS	Griechischen Christlichen Schriftsteller
LCL	Loeb Classical Library
NHMS	Nag Hammadi Manichaean Studies
PG	Patrologiae Cursus Completus, Series Gareca
PL	Patrologiae Cursus Completus, Series Latina
SC	Sources Chrétiennes
WSA	Works of Saint Augustine

2. 오리게네스 참고 문헌

『레위기 강론』 9.7.6 (GCS 29; Origenes, and W. A. Baehrens. *Origenes Werke 6: Homilien zum Hexateuch in Rufins Übersetzung.* Part 1: *Die Homilien zu Genesis, Exodus, Leviticus.* GCS 29. Leipzig: J.C. Hinrichs, 1920).

『로마서 주석』 (Bammel 3; Origène, and Bammel C. P. Hammond. *Der Römerbriefkommentar des Origenes: Kritische Ausgabe der Uebersetzung Rufins.* Vol. 3. Freiburg: Herder, 1998).

『마태복음 주석』 (GUCS 40; Origenes, E. Klostermann, and E. W. Benz. *Origenes Werke 10: Origenes Matthäuserklärung, 1. Die griechisch erhaltenen Tomoi.* GCS 40. Leipzig: J.C. Hinrichs, 1935).

『민수기 강론』 (GCS 30, Origenes, and W. A. Baehrens. *Origenes Werke 7: Homilien zum Hexateuch in Rufins Übersetzung.* Part 2: *Die Homilien zu Numeri, Josua und Judices.* GCS 30. Leipzig: J.C. Hinrichs, 1921).

『아프리카노스에게 보내는 서신』 (SC 302; Origène, M. Harl, and N. R. M. De Lange. *Sur les Ecritures: Philocalie, 1–20.* SC 302. Paris: Éditions du Cerf, 1983).

『요한복음 주석』 (GUCS 10; Origenes, and E. Preuschen. *Origenes Werke 4: Der Johanneskommentar.* GCS 10. Leipzig: J.C. Hinrichs, 1903).

『유월절론』 (Sur la Pâque; Origène, O. Guéraud, and P.

Nautin. *Sur la Pâque: Traité Inédit [Peri Pasca]*. Paris: Beauchesne, 1979).

『예레미야 강론』 (SC 302; Origène, M. Harl, and N. R. M. De Lange. *Sur les Ecritures: Philocalie, 1–20*. SC 302. Paris: Éditions du Cerf, 1983).

『원리론』 (Behr; Origen, and John Behr. *Origen: On First Principles [Peri Archon; De principiis]*. Oxford: Oxford University Press, 2019). 이 책에 사용된 한글 번역은 저자의 번역이다. 참고할 한글 번역본: 하성수, 최원오, 이형우, 이성효 역. 『원리론』. 서울: 아카넷, 2014.

『시편 강론』 (Origenes, and Lorenzo Perrone. *Die Neuen Psalmenhomilien: Eine Kritische Edition des Codex Monacensis Graecus 314*. Berlin: W. De Gruyter, 2015).

『시편 주석』 (SC 302; Origène, M. Harl, and N. R. M. De Lange. *Sur les Ecritures: Philocalie, 1–20*. SC 302. Paris: Éditions du Cerf, 1983).

『창세기 강론』 (GCS 29; Origenes, and W. A. Baehrens. *Origenes Werke 6: Homilien zum Hexateuch in Rufins Übersetzung*. Part 1: Die Homilien zu Genesis, Exodus, Leviticus. GCS 29. Leipzig: J.C. Hinrichs, 1920).

『출애굽기 강론』 (GCS 29; Origenes, and W. A. Baehrens. *Origenes Werke 6: Homilien zum Hexateuch in Rufins Übersetzung*. Part 1: Die Homilien zu Genesis, Exodus, Leviticus. GCS 29. Leipzig: J.C. Hinrichs, 1920).

『출애굽기 발췌집』 (PG 12; Migne, J. P., ed. *Patrologiae Cursus Completus, Series Graeca [PG]*. Vol. 12. Parisiis:

Excudebat Sirou, 1905).

『켈수스 논박』(SC 132/136; Origène, and M. Borret. *Contra
Celse [Contra Celsum]. SC* 132, 136. Paris: Éditions du
Cerf, 1967-1968). 이 책에 사용된 한글 번역은 저자의 번
역이다. 참고할 한글 번역본: 임걸 역. 『켈수스를 논박함: 그
리스 로마 세계에 대한 한 그리스도인의 답변』. 서울: 새물
결플러스, 2005.

3. 고대 참고 문헌

『랍비 시몬 성경 해석법 사례집』(Nelson, W. David, ed. *Mekhilta
de-Rabbi Shimon Bar Yoḥai.* Philadelphia: Jewish
Publication Society, 2006).

『랍비 이슈마엘 성경 해석법 사례집』(Lauterbach, Jacob Z., ed.
*Mekhilta de-Rabbi Ishmael: A Critical Edition, Based
on the Manuscripts and Early Editions.* Philadelphia:
Jewish Publication Society of America, 1976).

『로마 황제 열전: 세베루스』(LCL 139; Rohrbacher, David,
and David Magie, eds. *Historia Augusta I.* LCL 139.
Cambridge: Harvard University Press, 2022).

『미슈나』(Danby; Danby, Herbert, ed. *The Mishnah.* London:
Oxford University Press, 1938).

『바빌로니아 탈무드』(Epstein, Isidore, ed. *Hebrew-English
Edition of the Babylonian Talmud.* London: Soncino
Press, 1965-1989).

『바이크라[레위기] 라바』 (Freedman, Harry, Maurice Simon, J. Israelstam, and Judah J. Slotki, eds. *Midrash Rabbah*. Vol. 4. London: Soncino, 1939).

『베레쉬트[창세기] 라바』 (Freedman, Harry, Maurice Simon, J. Israelstam, and Judah J. Slotki, eds. *Midrash Rabbah*. Vols. 1-2. London: Soncino, 1939).

『쉬르 하쉬림[애가] 라바』 (Neusner, Jacob. *Song of Songs Rabbah*: *An Analytical Translation*. Atlanta: Scholars Press, 1989).

『쉐모트[출애굽기] 라바』 (Freedman, Harry, Maurice Simon, J. Israelstam, and Judah J. Slotki, eds. *Midrash Rabbah*. Vol. 3. London: Soncino, 1939).

아우구스티누스. 『삼위일체론』 (WSA 5; Augustine, Edmund Hill, and John E. Rotelle. *The Trinity* [*De Trinitate*]. WSA 5. Brooklyn: New City Press, 1990). 이 책에 사용된 한글 번역은 저자의 번역이다. 참고할 한글 번역본: 성염 역. 『삼위일체론』 칠곡군: 분도출판사, 2015.

알렉산드로스. 『혼합론』 (Alexandre D'aphrodise, and Jocelyn Groisard. *Alexandre d'Aphrodise*: *Sur la Mixtion et la Croissance* [*De mixtione*]. Paris: Les Belles Lettres, 2013).

유스티누스. 『제1 변증서』 (Justin the Martyr, and Thomas B. Falls. *Saint Justin Martyr*: *The First Apology, the Second Apology, Dialogue with Trypho, Exhortation to the Greeks, Discourse to the Greeks, the Monarchy; or the Rule of God*. New York: Christian Heritage, 1949). 참

고할 한글 번역본: 진규선 역. 『그리스도인 변호』. 서울: 수와진, 2021.

에우세비오스. 『교회사』 (LCL 265; Eusebius, and John E. L. Oulton. *The Ecclesiastical History 6–10 [Historia ecclesiastica].* LCL 265. Cambridge: Harvard University Press, 1980). 이 책에 사용된 한글 번역은 저자의 번역이다. 참고할 한글 번역본: 엄성옥 역. 『유세비우스의 교회사』. 서울: 은성, 2008.

에피파니오스. 『이단총록』 (NHMS 79; Epiphanius, and Frank Williams. *The Panarion of Epiphanius of Salamis. Books Ii and Iii De fide.* NHMS 79. Leiden: Brill, 2013).

(위) 디오니시오스. 『교회의 위계』 (CWS; Pseudo Dionisio Areopagita, Colm Luibheid, and Paul Rorem. "The Ecclesiastical Hierarchy" *[Hierarchy]. In Pseudo-Dionysius: The Complete Works.* CWS. New York: Paulist Press, 1987). 이 책에 사용된 한글 번역은 저자의 번역이다. 참고할 한글 번역본: 엄성옥 역. 『위 디오니시우스 전집』. 서울: 은성, 2007.

이암블리코스. 『이집트 신비론』 (Iamblichus, and Emma C. Clarke. *Iamblichus on the Mysteries [De mysteriis].* Atlanta: Society of Biblical Literature, 2003).

히에로니무스. 『서신집』 (PL 22; Migne, J. P., ed. *Patrologiae Cursus Completus, Series Latina* [PL]. Vol. 22. Parisiis: Excudebat Sirou, 1845).

히폴리투스. 『사도 전통』 (Hippolytus of Rome, Gregory Dix, and Henry Chadwick. *The Treatise on the Apostolic*

Tradition. London: Alban Press, 1992). 참고할 한글 번역본: 이형우 역. 『사도 전승』 칠곡군: 분도출판사, 1992.

헤라클레이토스. 『호메로스 문제』(Russel-Konstan; Heraclitus, D. A. Russell, and David konstan. *Heraclitus: Homeric Problems*. Atlanta: Society of Biblical Literature, 2005).

켈수스. 『진리론』(Hoffman; Celsus, and R. Joseph Hoffmann. Celsus *on the True Doctrine: A Discourse Against the Christians*. Oxford: Oxford University Press, 1987).

코르누토스. 『신학 총론』(Ramelli; Cornutus, and Ilaria Ramelli. *Compendio di Teologia Greca: Testo Greco a Fronte [Compendium]*. Milano: Bompiani, 2003).

클레멘스. 『선집』(GCS 52; Clemens Alexandrinus, Otto Stählin, and Ludwig Früchtel. *Stromata, Buch I-Vi*. GCS 52. Berlin: Akademie-Verlag, 1985).

키케로. 『점술론』(Cicero, and David Wardle. *Cicero on Divination [De divinatione]*. Oxford: Clarendon Press, 2006).

『팔레스티나 탈무드』(Guggenheimer, Heinrich W. *The Jerusalem Talmud: First Order Zeraïm; Tractate Berakhot*. Berlin; New York: W. De Gruyter, 2000).

포르피리오스. 『피타고라스의 생애』11-12 (Places; Porphyre, Édouard des Places. *Vie De Pythagore: Lettre À Marcella [Vita Pythagorae]*. Paris: Les Belles Lettres, 1982).

_____ . 『철학 단편집』(Porphyry, and Andrew Smith. *Porphyrii Philosophi Fragmenta [Philosophi fragmenta]*. Stutgardiae: In Aedibus B.G. Teubner, 1993).

_____ . 『님프의 동굴에 대하여』 (Porphyry. *The Cave of the Nymphs in the Odyssey [De antro Nympharum]*. Text with Translation by Seminar Classics 609, State University of New York at Buffalo. New York: Arethusa, 1969).

포티우스. 『비블리오테카』 (Henry 3; Photius of Constantinople, and René Henry. *Bibliothèque [Bibliotheca]*. Vol. 3. Paris: Les Belles Lettres, 1959).

프로클로스. 『플라톤의 국가론 주석』 (Proclus, and Wilhelm Kroll. *Procli Diadochi in Platonis Rem Publicam Commentarii [Rem publicam commentarii]*. Amsterdam: A.M. Hakkert, 1965).

_____ . 『플라톤의 티마이오스 주석』 (Proclus, and Harold Tarrant. *Commentary on Plato's Timaeus [Timaeum commentaria]*. 2 Vols. Cambridge: Cambridge University Press, 2007).

프셀로스. 『철학 단편집』 (Michael Psellus, and John M. Duffy. *Michaelis Pselli Philosophica Minora [Philosophica minora]*. Vol 1/2. Leipzig: B.G. Teubner, 1989).

플로티노스. 『엔네아데스』 (LCL 468; Plotinus, and A. H. Armstrong. *Plotinus: Enneads [Enneads]*. LCL 468. Cambridge: Harvard University Press, 1988). 이 책에 사용된 한글 번역은 저자의 번역이다. 참고할 한글 번역본: 조규홍 역. 『엔네아데스』 서울 : 지식을만드는지식, 2009.

플루타르코스. 『이시스, 오시리스 신론』 (Plutarch, and J. G. Griffiths. *Plutarch's de Iside et Osiride [De Iside et*

Osiride]. Cardiff: University of Wales Press, 1970).

_____ . 『운명론』 (Plutarch, Phillip de Lacy, and Benedict Einarson. *Plutarch's Moralia*: *On Fate* [*De fato*]. LCL 405. Cambridge: Harvard University Press, 1994).

필로스트라토스. 『티아나 출신 아폴로니오스의 생애』 (LCL 16; Philostratus, and C. P. Jones. *The Life of Apollonius of Tyana* [*Vita Apollonii*]. LCL 16. Cambridge: Harvard University Press, 2005-2006).

4. 현대 참고 문헌

곽계일. 『동방수도사 서유기 + 그리스도교 동유기』. 서울: 감은사, 2021.

_____ . "초기 그리스도교 형성 과정에 나타난 자신학화: 알렉산드리아 그리스도교 전통의 기원과 형성, 1-4세기." 자신학화 포럼위원회 편. 『교회 역사 속에 나타난 자신학화』. 서울: 한국선교연구원, 2023: 108-121.

Addey, Crystal. *Divination and Theurgy in Neoplatonism*: *Oracles of the Gods*. Burlington: Ashgate Publishing, 2014.

Behr, John. "Introduction." In idem. ed. *Origen*: *On First Principles*. Oxford: Oxford University Press, 2019: xiii-lxxxviii.

Berchman, Robert M. *From Philo to Origen*: *Middle Platonism in Transition*. Chico: Scholars Press, 1984.

Blowers, Paul. "Origen, the Rabbis, and the Bible." In Charles
Kannengiesser and William L. Petersen, eds. *Origen
of Alexandria: His World and His Legacy*. Notre Dame:
University of Notre Dame Press, 1988: 96-116.

Bokser, Baruch M. *The Origins of the Seder: The Passover Rite
and Early Rabbinic Judaism*. Berkeley: University of
California, 1984.

Boyarin, Daniel. *Intertextuality and the Reading of Midrash*.
Bloomington: Indiana University Press, 1990.

Brooks, Roger. "Straw Dogs and Scholarly Ecumenism." In
Charles Kannengiesser and William L. Petersen, eds.
Origen of Alexandria: His World and His Legacy. Notre
Dame: University of Notre Dame Press, 1988: 63-95.

Brown, Peter. *The World of Late Antiquity: Ad* 150-750. New York:
Harcourt Brace Jovanovich, 1971.
. *The Body and Society: Men Women and Sexual Renunciation
in Early Christianity*. Twentieth anniversary ed. New
York: Columbia University Press, 2008.

Burkert, Walter. *Lore and Science in Ancient Pythagoreanism*.
Cambridge: Harvard University Press, 1972.

Chadwick, Henry. "Introduction." In idem, ed. *Contra Celsum*.
Cambridge: Cambridge University Press, 1980: ix-xxxii.

_____ . *The Early Church: The Story of Emergent Christianity from
the Apostolic Age to the Dividing of the Between the Greek
East and the Latin West*. London: Penguin, 1993. 참고할
한글 번역본: 서영일 역. 『초대교회사』. 서울: 기독교문서선

교회, 1983.

Clements, Ruth A. *Peri Pascha: Passover and the Displacement of Jewish Interpretation Within Origen's Exegesis*. Ph.D. Dissertation. Harvard Divinity School, 1997.

Crouzel, Henri, and A. S. Worrall. *Origen: The Life and Thought of the First Great Theologian*. San Francisco: Harper & Row, 1989.

Daly, Robert J. *Treatise on the Passover*. New York: Paulist Press, 1992.

Daniélou, Jean. *The Bible and the Liturgy*. Notre Dame: University of Notre Dame Press, 1956.

Dawson, David. *Allegorical Readers and Cultural Revision in Ancient Alexandria*. Berkeley: University of California, 1992.

De Lubac, Henri. *History and Spirit: The Understanding of Scripture According to Origen*. San Francisco: Ignatius, 2007.

Den Boer, Willem. "Hermeneutic Problems in Early Christian Literature." *Vigiliae Christianae* 1.3 (1947): 150-167.

Dively-Lauro, Elizabeth A. *The Soul and Spirit of Scripture Within Origen's Exegesis*. Boston: Brill Academic Publishers, 2005.

Elman, Yaakov. "Classical Rabbinic Interpretation." In Adele Berlin, Marc Z. Brettler, and Michael A. Fishbane, eds. *The Jewish Study Bible: Jewish Publication Society Tanakh Translation*. Oxford: Oxford University Press, 2004: 1844-1863.

Fletcher, Angus. *Allegory, the Theory of a Symbolic Mode*. Ithaca: Cornell University Press, 1964.

Foerster, Gideon. "The Early History of Caesarea." *The Joint Expedition to Cesarea Maritima*, Vol. 1. Missoula: Scholars Press, 1975.

Fowden, Garth. *The Egyptian Hermes: A Historical Approach to the Late Pagan Mind*. Cambridge: Cambridge University Press, 1986.

Frei, Hans W. *The Eclipse of Biblical Narrative: A Study in Eighteenth and Nineteenth Century Hermeneutics*. New Haven: Yale University Press, 1974. 참고할 한글 번역본: 김승주, 조선영 역. 『성서 내러티브의 상실 : 18-19세기의 해석학 연구』 서울: 은성, 2022.

Gamble, Harry. *Books and Readers in the Early Church*. New Heaven: Yale University Press, 1995.

Giovanni Mercati, "D'alcuni frammenti esaplari sulla Va e VIa edizione greca della Bibbia." *Studi e Testi* (1901): 28-46.

Grafton, Anthony, and Megan Hale Williams. *Christianity and the Transformation of the Book: Origen, Eusebius, and the Library of Caesarea*. Cambridge: Harvard University Press, 2006.

Grenz, Stanley J. *Theology for the Community of God*. Grand Rapids: W. B. Eerdmans, 2000. 참고할 한글 번역본: 신옥수 역. 『성조직신학 : 하나님의 공동체를 위한 신학』 고양: 크리스챤다이제스트, 2003.

Haas, Christopher. *Alexandria in Late Antiquity*. Baltimore: Johns Hopkins University Press, 1997.

Harvey, Van Austin. *A Handbook of Theological Terms*. New York: Macmillan, 1964.

Heine, Ronald. *Origen: Scholarship in the Service of the Church*. Oxford: Oxford University Press, 2010.

Heisey, Nancy. *Origen the Egyptian*. Nairobi: Paulines Publications Africa, 2000.

Hoffman, Joseph R. "Introduction." In idem, ed. *Celsus on the True Doctrine*. Oxford: Oxford University Press, 1987: 5-49.

Johnson, Luke T. *The Creed: What Christians Believe and Why It Matters*. New York: Doubleday, 2003.

Kahle, Paul. *The Cairo Geniza*. Oxford: Oxford University Press, 1947.

Kalmin, Richard. "Patterns and Developments in Rabbinic Midrash of Late Antiquity." In Magne Sæbø, C. Brekelmans, Menahem Haran, Michael A. Fishbane, Jean Louis Ska, and Peter Machinist, eds. *Hebrew Bible/ Old Testament* I/1. Göttingen: Vandenhoeck & Ruprecht, 1996.

Kelly, J. N. D. *Early Christian Doctrines*. San Francisco: Harper and Row, 1978. 참고할 한글 번역본: 박희석 역. 『고대기독교교리사』. 고양: 크리스챤다이제스트, 2004.

Kern-Ulmer, Rivka. "Hermeneutics, Techniques of Rabbinic

Exegesis." In Jacob Neusner and Alan J. Avery-Peck, eds. *Encyclopedia of Midrash.* Leiden: Brill, 2005: 268-292.

Kimelman, Reuven. "Rabbi Yohanan and Origen on the Song of Songs: A Third-Century Jewish-Christian Disputation." *Harvard Theological Review* 73.3-4 (1980): 567-595.

Koch, Hal, and Robert Schmidt. *Pronoia und Paideusis: Studien über Origenes und sein Verhältnis zum Platonismus.* Berlin: W. De Gruyter, 1932.

Kolb, Robert. "Teaching the Text." *Bibliothèque d'Humanisme et Renaissance* 49 (1987): 571-585.

Kugel, James. *The Idea of Biblical Poetry.* New Haven: Yale University Press, 1981.

_____ . *How to Read the Bible: A Guide to Scripture, Then and Now.* New York: Free Press, 2007.

_____ . "Early Jewish Biblical Interpretation." In Collins, John J., and Daniel C. Harlow, eds. *Early Judaism: A Comprehensive Overview.* Grand Rapids: William B. Eerdmans, 2012: 151-178.

Laporte, Jean. "Philonic Models of Eucharistia in the Eucharist of Origen." *Laval Théologique et Philosophique* 42.1 (1986): 71-91.

Lathrop, Gordon W. *Holy Things: A Liturgical Theology.* Minneapolis: Fortress Press, 1998.

Levey, Irving M. "Caesarea and the Jews." In Glanville Downey and Charles T. Fritsch, eds. *Studies in the History of*

Caesarea Maritima. Missoula: Published by Scholars for the American Schools of Oriental Research, 1975: 43-78.

Levine, Lee I. *Caesarea Under Roman Rule*. Leiden: Brill, 1975.

Lies, Lothar. *Wort und Eucharistie bei Origenes*. Innsbruck: Tyrolia-Verlag, 1978.

Marrou, Henri I., and George Lamb. *A History of Education in Antiquity*. New York: New American Library, 1964.

Martens, Peter. "Revisiting the Allegory/Typology Distinction." *Journal of Early Christian Studies* 16.3 (2008): 283-317.

_____ . *Origen and Scripture: The Contours of the Exegetical Life*. Oxford: Oxford University Press, 2012.

McGuckin, John. "The Life of Origen." In idem, ed. *The Westminster Handbook to Origen*. Louisville: WJK Press, 2004: 1-23.

McLynn, Neil. "Bishops." *The Westminster Handbook to Origen*. Louisville: WJK Press, 2004: 70-72.

McNelis Charles. "Greek Grammarians and Roman Society during the Early Empire: Statius' Father and His Contemporaries." *Classical Antiquity* (2002): 67-94.

Muller, Richard A. *Post-Reformation Reformed Dogmatics: The Rise and Development of Reformed Orthodoxy, Ca. 1520 to Ca. 1725*. Vol 2. Grand Rapids: Baker Academics, 2003. 이 책에 사용된 한글 번역은 저자의 번역이다. 참고할 한글 번역본: 이은선 역. 『종교 개혁 후 개혁주의 교의학 : 신학서론』 서울: 이레서원, 2002.

Nautin, Pierre. *Pierre Nautin, Patristica II: Lettres et écrivains chrétiens des IIe et IIIe siècles*. Paris: Editions du Cerf, 1961,

_____. *Origène: Sa vie et son oeuvre*. Paris: Beauchesne, 1977.

Neusner, Jacob. *Symbol and Theology in Early Judaism*. Minneapolis: Fortress Press, 1991.

Niehoff, Maren. "A Jewish Critique of Christianity from Second-Century Alexandria." *Journal of Early Christian Studies* 21.2 (2013): 151-175.

Nightingale, Andrea W. *Spectacles of Truth in Classical Greek Philosophy: Theoria in Its Cultural Context*. Cambridge: Cambridge University Press, 2004.

Pagels, Elaine. *The Johannine Gospel in Gnostic Exegesis: Heracleon's Commentary on John*. New York: Abingdon, 1973.

Pearson, Birger. "Cracking a Conundrum: Christian Origins in Egypt." *Studia Theologica* 57 (2003): 61-75.

Pelikan, Jaroslav. *Credo: Historical and Theological Guide to Creeds and Confessions of Faith in the Christian Tradition*. New Haven: Yale University Press, 2006.

Ricoeur, Paul. *Interpretation Theory: Discourse and the Surplus of Meaning*. Fort Worth: Texas Christian University Press, 1976. 참고할 한글 번역본: 박희석 역. 『해석 이론』 서울: 서광사, 1996.

Roberts, Colin. *Manuscript, Society and Belief in Early Christian Egypt*. London: Published for the British Academy by the

Oxford University Press, 1979.

Rousselle, Aline. "La persécution des chrétiens à Alexandrie au 3 siècle." *Revue historique de droit français et étranger* 2 (1974): 222-251.

Sandys-Wunsch, John. *What They Have Done to the Bible*. Collegeville: Liturgical Press, 2005.

Schiffman, Lawrence. "Early Judaism and Rabbinic Judaism." In Collins, John J., and Daniel C. Harlow, eds. *Early Judaism: A Comprehensive Overview*. Grand Rapids: William B. Eerdmans, 2012: 420-434.

Sommer, Benjamin D. "Inner-Biblical Interpretation." In Adele Berlin, Marc Z. Brettler, and Michael A. Fishbane, eds. *The Jewish Study Bible: Jewish Publication Society Tanakh Translation*. Oxford: Oxford University Press, 2004: 1829-1835.

Stern, David. "Midrash and Indeterminacy." *Critical Inquiry* 15.1 (1988): 132-161.

_____. "Midrash and Jewish Interpretation." In Adele Berlin, Marc Z. Brettler, and Michael A. Fishbane, eds. The Jewish Study Bible: Jewish Publication Society Tanakh Translation. Oxford: Oxford University Press, 2004: 1863-1875.

Strack, Hermann L. *Introduction to the Talmud and Midrash*. Minneapolis: Fortress Press, 1996.

Struck, Peter T. *Birth of the Symbol: Ancient Readers at the Limits of Their Texts*. Princeton: Princeton University Press, 2004.

Tzamalikos, Panayiotis. *Origen: Philosophy of History & Eschatology*. Leiden: Brill, 2007.

Trapp, M. B. "Images of Alexandria in the writings of the Second Sophistic." In Hirst Anthony and M. S Silk, eds, *Alexandria, real and Imagined* (Aldershot: Ashgate, 2004): 113-132.

Van Den Brink, Bakhuizen. "Bible and Biblical Theology in the Early Reformation." *Scottish Journal of Theology* 15 (1962): 50-65.

Whitman, Jon. *Allegory: The Dynamics of an Ancient and Medieval Technique*. Cambridge: Harvard University Press, 1987.

_____ . "From the Textual to the Temporal." *New Literary History* 22.1 (1991): 161-176.

Wilken, Robert. "How to Read the Bible." *First Things* 181 (2008): 24-27.

Witt, Reginald E. *Albinus and the History of Middle Platonism*. Cambridge: Cambridge University Press, 1937.

Young, Frances M. *Biblical Exegesis and the Formation of Christian Culture*. Cambridge: Cambridge University Press, 1997.

Yuval, Israel J. "Easter and Passover as Early Jewish-Christian Dialogue." In Paul F. Bradshaw and Lawrence A. Hoffman, eds. *Passover and Easter: Origin and History to Modern Times*. Notre Dame: University of Notre Dame Press, 1999.